24H

Vietnam guide

Perfect trip for beginners & repeaters.

Journey to find “Lovely Viet nam”

レトロ可愛いベトナムに夢中！

フランス統治時代のコロニアル建築が佇む通りを、クラクションを響かせながら無数のバイクが走る……ベトナムでは、西洋的な秩序ある美しさと、アジア的で雑多なにぎやかさが、不思議と調和しています。街を歩けば、地元の人々が道端の屋台でフォーをすすっている一方で、おしゃれなセレクトショップが軒を連ねていたり。
昔ながらの姿を残しつつも、日々新しいものを吸収するエネルギッシュな街の姿に出合うことができます。
この本は、初めての人もリピーターも、ベトナムの街で暮らすように1日を楽しめるよう、時間ごとにテーマを立てて紹介しています。ローカル感が楽しい食堂で地元の人にまざってごはんを食べたり、のんびりできるカフェを見つけたり、カラフルなベトナム雑貨にひと目ぼれしたり。この本を見てベトナムを訪れる人が、自分だけのステキな体験に出合えることを願っています。　若宮早希

CONTENTS 24H Vietnam guide

Perfect trip for beginners & repeater's.

★本誌に掲載したデータは2024年10月現在のものです。
★本誌出版後、内容が変更される場合がありますので、
ご利用の際は必ず事前にご確認ください。
★ショップで紹介している商品は売り切れ、または価格が変更になる場合があります。
また、料金・時間・定休日・メニューなどは変更になる場合がありますので、
あらかじめご確認のうえ、お出かけください。
★本誌に掲載された内容による損害等は弊社では補償しかねますので、あらかじめご了承ください。

本誌をご利用になる前に

データの見方

☎ =電話番号　🏠 =所在地
🕒 =営業時間・開館時間
🔓 =休み　原則として祝日や年末年始などを除いた定休日のみを表示しています。
(料) =料金　入場や施設利用に料金が必要な場合、大人料金を表示しています。
ホテルの場合、1泊1室の宿泊料金(税金・サービス料別)を表示しています。

URL =公式サイトの URL
MAP 付録 P.00A-0　その物件の地図上での位置を表示しています。

📍 =交通　交通手段や拠点となる場所からの移動の所要時間を表示しています。
カード =　クレジットカードを支払いに利用できる場合は〇、
現金のみの場合は×と表示しています。
英語 =　英語を話せるスタッフが常駐している場合に表示しています。
日本語 =　日本語を話せるスタッフが常駐している場合に表示しています。

Xin chào!《シンチャオ!》

（こんにちは）

The country of nostalgy and modernity

VIET NAM

ノスタルジックで新しいベトナムへ

古都の面影を残すベトナム北部の都市ハノイや、近年リゾートエリアとして開発されるベトナム中部、高層ビルが林立するホーチミンなど、南北に長いベトナムは地方により全く異なる表情を見せます。昔ながらの風情が残る一方で、新しい近代化の波が押し寄せる“今”のベトナムは、日々生き物のように進化しています。

レート

1万VND ≒約58円

※2024年10月現在
通貨はベトナムドン（VND）。紙幣は100VNDから50万VNDまである。硬貨もあるが、現在はほとんど流通していない。詳しくは→P.172へ。

時差

−2時間

フライト時間

約6.5時間

成田からホーチミンまで直行便で約6時間30分。ハノイ・ダナン行きもある。羽田からはホーチミン・ハノイ行きのみ。

こんなトコ

ベトナム社会主義共和国
Socialist Republic of Viet nam

人口	約1億30万人
面積	約33万㎢
首都	ハノイ
宗教	仏教，カトリック，カオダイ教ほか

言語

ベトナム語

公用語はベトナム語。地域により多少発音が異なる。旅行者向けの飲食店やショップ、ホテルでは英語が通じることが多い。

物価の目安

ミネラルウォーター	約1万VND（約58円）
フォー	約6万VND（約348円）
タクシー初乗り	約1万VND〜（約58円）
ベトナムコーヒー	約1万VND（約58円）
バイン・ミー	約3万VND（約174円）
缶ビール	約1万2000VND〜（約67円）

北部
North

ベトナムの首都、ハノイを擁する。中国と国境を接し、中国文化の影響を色濃く受けている。北西部は山岳地帯で、独特の文化をもつ少数民族が暮らしている。

中部
Central

ダナンとホイアン周辺の海沿いは世界中から旅行者が訪れるリゾートエリア。世界遺産のホイアンや王宮があったフエなど、歴史的なスポットも存在する。

南部
South

ベトナム経済の中心、ホーチミンを擁する南部。東南アジア最大のメコン川下流域はメコンデルタと呼ばれ、稲作や果物の栽培などが盛んな豊穣の地。

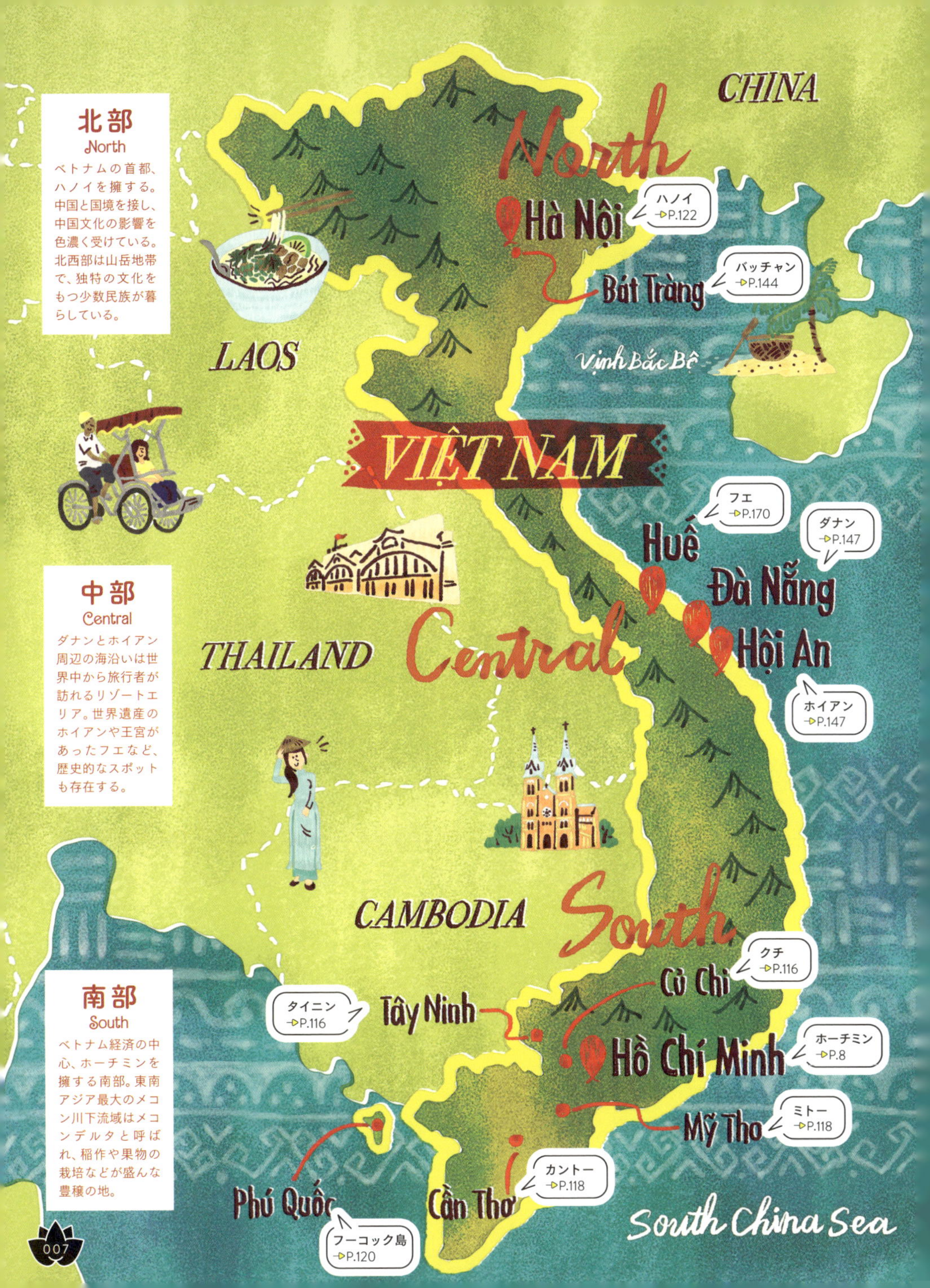

Vietnam AREA 1

ホーチミン

Hồ chí minh

止まらない街、ホーチミンへ

フランス統治時代の瀟洒なコロニアル建築が佇む一方で、次々と建設される高層ビル群。街はベトナムの近代化を象徴するように、日々生まれ変わっています。新しい風が常に吹き込む"進化の街"を歩きましょう。

主なエリア

1 ドンコイ通り周辺（1区）

目抜き通りのドンコイ通りとその周辺にはレストランやショップ、ホテルが集まり、観光客でにぎわいます。

2 ベンタイン市場周辺（1区）

街一番の巨大市場の周辺には、ローカルな飲食店が集まります。大通りのレタントン通りは交通量が多め。

3 ファングーラオ通り周辺（1区）

バックパッカー街。ホテルや露店、屋台が多く、ブイヴィエン通りやデタム通りの飲食店は深夜まで営業します。

4 1区北部

ホーチミン1区の北側エリアには日本人街があり、人気レストランが点在しています。

5 3区

1区の北〜西側のローカルなエリア。タンディン教会周辺は飲食店が増えていて、隠れ家的なレストランも。

6 タオディエン

サイゴン川の東岸に広がる近年開発中の新しいエリア。外国人居住者が多く、おしゃれな店が増加中。

7 チョロン

ホーチミン最大のチャイナタウン。中国グルメの人気店が多数あります。ドンコイ通りからは車で20分ほど。

ベストシーズン

乾季は

11〜4月

ホーチミンを擁するベトナム南部は、熱帯モンスーン性気候に属し乾季と雨季（5〜10月）があります。最も暑いのは4〜5月頃。

主な交通手段

☑ 徒歩

中心部は飲食店やショップが集中しているので徒歩が最適。外は暑いのでこまめに休憩をとって。

☑ タクシー

料金も安く便利な手段。ただし渋滞や工事のための迂回などで、時間がかかることも覚悟して。

☑ グラブ

配車アプリのグラブは金額が事前に決まるのでトラブルの心配がない。カード決済という手軽さも。

☑ 地下鉄が開通！

1号線は市内中心部の1区からタオディエンを経由し、スイティエンまでを結ぶ。2024年12月に運行を開始する予定。

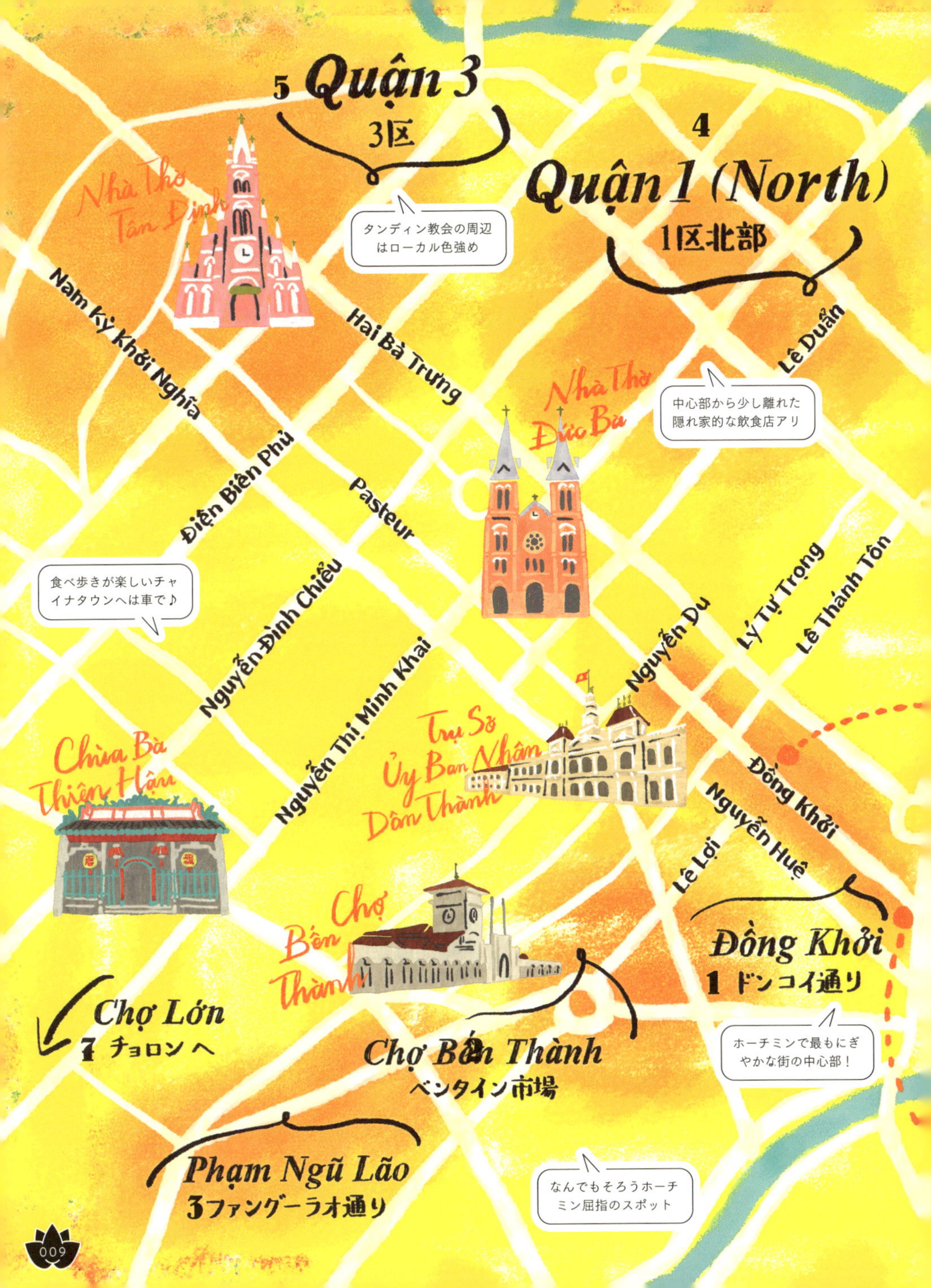

5 Quận 3
3区
タンディン教会の周辺はローカル色強め
4
Quận 1 (North)
1区北部
Nhà Thờ Tân Định
Nam Kỳ Khởi Nghĩa
Hai Bà Trưng
Lê Duẩn
Nhà Thờ Đức Bà
中心部から少し離れた隠れ家的な飲食店アリ
Điện Biên Phủ
Pasteur
食べ歩きが楽しいチャイナタウンへは車で♪
Nguyễn Đình Chiểu
Nguyễn Thị Minh Khai
Nguyễn Du
Lý Tự Trọng
Lê Thánh Tôn
Trụ Sở Ủy Ban Nhân Dân Thành
Chùa Bà Thiên Hậu
Đồng Khởi
Nguyễn Huệ
Lê Lợi
Chợ Bến Thành
Đồng Khởi
1 ドンコイ通り
Chợ Lớn
7 チョロンへ
Chợ Bến Thành
2 ベンタイン市場
ホーチミンで最もにぎやかな街の中心部！
Phạm Ngũ Lão
3 ファングーラオ通り
なんでもそろうホーチミン屈指のスポット

弾丸で満喫

Ho Chi Minh City

4 Days Perfect Planning

ホーチミン中心部はお店が集まっていて回りやすい♪
深夜のフライトを利用して、現地滞在3.5日でホーチミンを楽しむ！

Planning: Day1

“日本を朝出発すれば、午後にはベトナムに到着！”

日本から直行便で約6時間30分のホーチミン。朝出発すれば、午後には現地に到着します。ホテルに荷物を置いたら、さっそくお目当てのカフェやレストランへ。のんびり夕方の時間を過ごしたら、ベトナム料理を食べながら明日からの作戦会議！ せっかくの初日なので、コロニアル建築のライトアップを眺めながらホテルまで帰りましょう。

14:00 タンソンニャット空港に到着

15:00 マイベストカフェを大決定～！ →P.58

18:00 鬼リピ必至のベトナム料理レストランへ。→P.86

21:00 コロニアル建築のライトアップがおすすめです。→P.102

Planning:

Day 2

“人気エリア、タオディエンでショップクルーズな一日”

オーダーメイドの洋服を注文するなら、受け取りまでの時間を考えて早めにお店へ。午後は外国人の別荘や高級マンションがあるセレブなエリア、タオディエンに足をのばします。人気のカフェやショップのほとんどがここに集まっていると言っても過言でないほど！ 移動はグラブで回るのが便利です。

10:00 再現率すごすぎな洋服オーダーメイド。 →P.30

13:00 タオディエンクルーズ。 →P.46

16:00 アンティーク感が可愛いベトナムの器。 →P.66

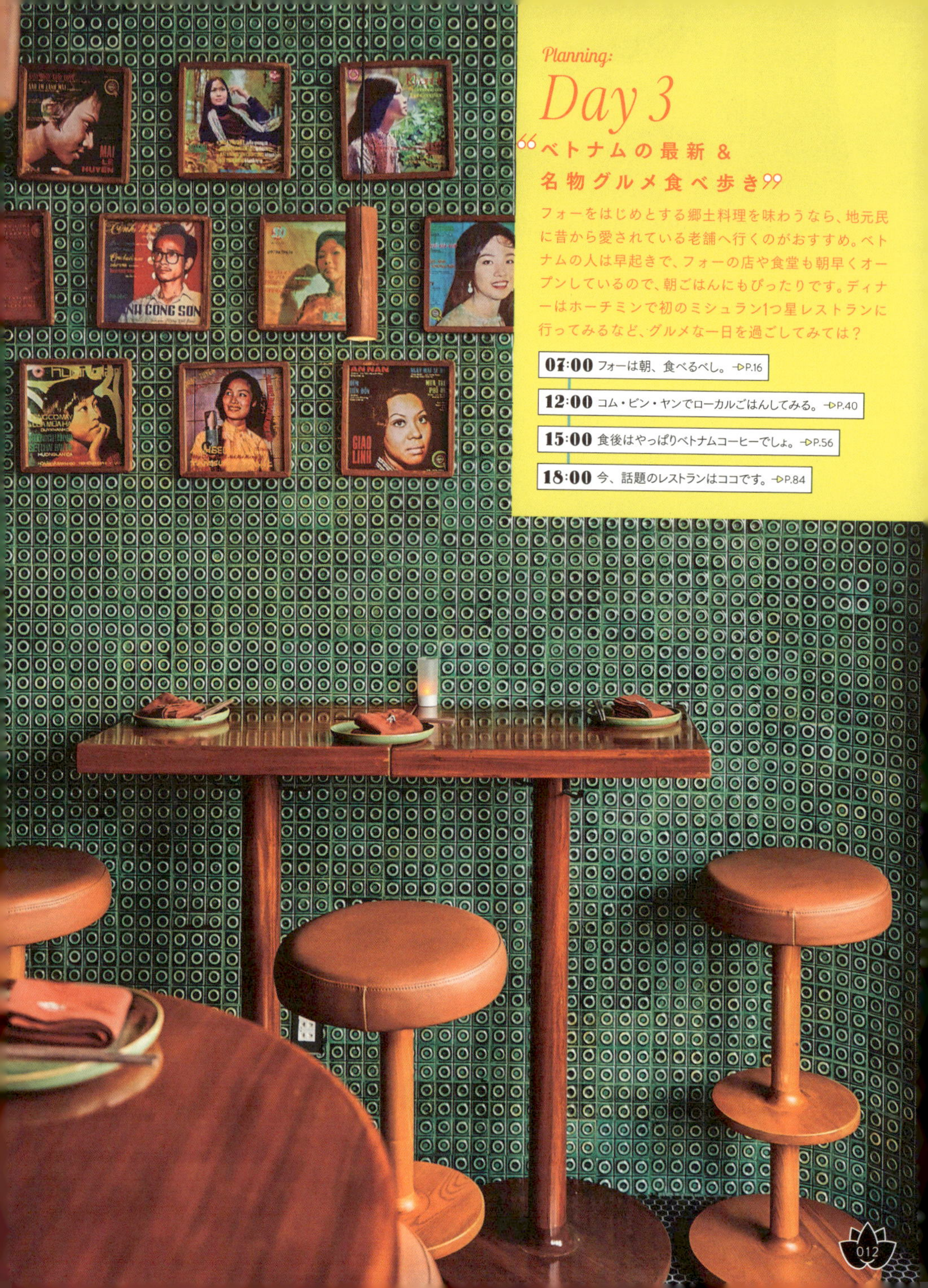

Planning:

Day 3

“ベトナムの最新＆名物グルメ食べ歩き”

フォーをはじめとする郷土料理を味わうなら、地元民に昔から愛されている老舗へ行くのがおすすめ。ベトナムの人は早起きで、フォーの店や食堂も朝早くオープンしているので、朝ごはんにもぴったりです。ディナーはホーチミンで初のミシュラン1つ星レストランに行ってみるなど、グルメな一日を過ごしてみては？

- **07:00** フォーは朝、食べるべし。 →P.16
- **12:00** コム・ビン・ヤンでローカルごはんしてみる。 →P.40
- **15:00** 食後はやっぱりベトナムコーヒーでしょ。 →P.56
- **18:00** 今、話題のレストランはココです。 →P.84

Planning:

Last day

“深夜便帰国で最終日もギリギリまで楽しむ！”

日付が変わる頃に出発するフライトなら、最終日もギリギリまでホーチミンを満喫できます。ベトナムの風物詩（？）である路上カフェにトライしたり、リノベスポットをめぐってみたり、ちょっと通なベトナム文化を体験してみて。最後はスパのロングパッケージでしっかり癒されて、シャワーを浴びてから空港へ！

08:00 路上カフェでチル。 →P.18

10:00 カラフル寺院はコチラ。 →P.26

13:00 ノスタルジックなアパートめぐりが通。 →P.44

16:00 ラグジュアリースパBEST3。 →P.62

Ho chi minh city

THE BEST TIME IN THE

Morning

07:00 - 11:00

ベトナムの人はとても早起きなので、フォーのお店は6時から、カフェは7時からなど、お店のオープンも早い！ 朝早く出かけると、気温も少し涼しく混雑も少ないのでおすすめです。カフェや食堂で朝食をとって、気持ちよく一日をスタートしてみては？

タオディエンにあるベーカリーカフェ、バン・バイ・ミア（→P.32）。パリのカフェのような優雅な雰囲気がとにかく素敵！

ホーチミン Best time!

07:00

ベトナム人をとりこにする人気店へ！

地元ピープルにまざって フォーは朝、食べるべし。

ベトナム朝ごはんは フォーなしには語れない！

日本でもおなじみのフォーは、**つるっとした米粉の麺**を**牛骨や鶏ガラのスープ**でいただくベトナムの定番料理。実はフォーの本場はハノイなど北部地方なのですが、そこはベトナム第1の都市ホーチミン！ 地元の人をもうならせる人気店は、早朝から多くの人でにぎわいます。というのも、ベトナムでは**フォーは朝食に食べることが多い**んです。仕事や学校の前に、近所の店や路上の屋台でさくっと食べるのが地元スタイル。主にフォー・ボー（牛肉のフォー）とフォー・ガー（鶏肉のフォー）の2種類ありますが、専門店では、どちらか一方のみ提供する店が多いです。

Phở Bò Tái
フォー・ボー・タイ
7万VND
さっと火を通した半生の牛肉をトッピング。具だくさんのスペシャルは10万VND

Phở Dậu

フォー・ザオ

OPEN 5:00 a.m.

本場、北部のフォーを味わえる

大通りから路地に入ったところにある、知る人ぞ知る店。朝のみの営業で、混雑時は店の前の道にもずらーっとテーブルが並ぶほどの人気です。メニューは牛肉のフォーのみ。

［3区］MAP P.177 B-1
☎ 028-3846-5866
288/M1 Nam Kỳ Khởi Nghĩa, Q.3
5:00～13:00 無休
聖母マリア教会から車で約12分
カード ×

近所に住む地元客が多く、味はお墨付き

※1万VND=約58円

★★★ ベトナム南部のフォーは別皿に大量のハーブがセットになって提供されます。調味料で自分好みに味変してみて。

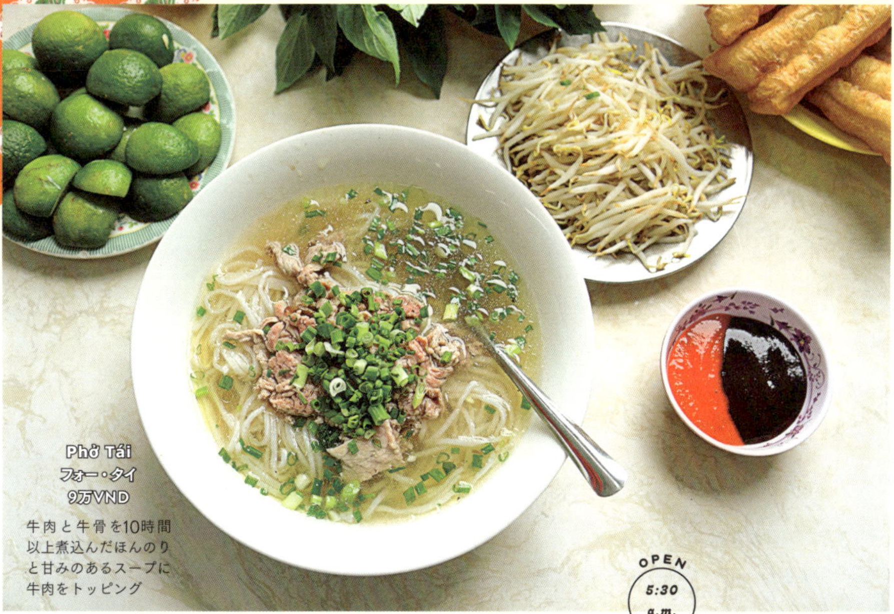

Phở Tái
フォー・タイ
9万VND
牛肉と牛骨を10時間以上煮込んだほのりと甘みのあるスープに牛肉をトッピング

OPEN 5:30 a.m.

Phở Hòa Pasteur

フォー・ホア・パスター

朝から晩まで営業する人気店

ローカル食堂の雰囲気で、3フロアある大型店。フォーのスープは牛と鶏の2種類があります。卓上にある揚げパンなどは、食べた分だけ支払うシステム。

[3区] MAP P.177 C-2 ☎ 028-3829-7943 260C Pasteur, Q.3 5:30～22:30 無休 聖母マリア教会から車で約10分 カード○ 英語

観光客から家族連れの地元客まで訪れ、週末は特に混雑する

Phở Bò Tái
フォー・ボー・タイ
8万5000VND
トッピングの牛肉は半生のTái、火が通ったChín、スジ肉のGânの3種類から選べる

店は通りを挟んで2カ所に分かれている。冷たいお茶(チャ・ダー)は2000VND

OPEN 6:00 a.m.

Phở Minh

フォー・ミン

細い路地の先にある隠れ家店

パスター通りから路地に入ったところにある、地元のサラリーマンが集まるフォー専門店。急須に入った温かいお茶は無料です。

[ドンコイ通り周辺] MAP P.178 D-3 ☎ 028-3822-0345 63/6 Pasteur, Q.1 6:00～21:00 不定休 市民劇場から徒歩約7分 カード× 英語

＼ フォーのお供はコレ! ／

ハーブ

ノコギリコリアンダーやミント、バジルなど卓上にある香草は無料

揚げパン

スープに浸して食べる。値段は1個5000VND程度

ライム

好みで搾ってスープに入れるとあっさりとした味に。無料

ホーチミン Best time!

08:00

いつでもどこでも休憩しちゃう

路上カフェでチル。

マイベスト路上カフェはティエン・カフェ・リン！

ベトナムの若者も朝から路上カフェでおしゃべり

練乳入りのベトナムコーヒーも定番中の定番

果肉入りピーチティーはカフェの定番メニュー

※1万VND=約58円

★★★ お風呂イスカフェはイートイン（？）のほか飲み物のテイクアウトもできるので、街歩き中の水分補給に便利です。

地元民に仲間入りできる路上カフェでまったり

　街を歩いているとよく見かけるのが、**通りの角や木陰にイスを並べた即席カフェ**。朝、どこからともなくお店の人がやってきて、パラソルを広げて開店します。小さいプラスチックのイスがお風呂で使うイスみたいなので、私は勝手に「お風呂イスカフェ」と呼んでいます。

　クーラーボックスにはコーヒーやお茶、ジュースなどが入っていて、お店の人に注文や人数を伝えると、ささっとイスを出してくれます。コーヒーは**1杯1万VND〜くらい**で、街歩きの途中にちょこっと休憩できるのが便利です。中にはカセットコンロで作る朝ごはんを提供する店も！　道行く人をぼんやりと眺めていると、地元っ子になった気分を味わえます。衛生面が気になる人は、店の前にイスを出しているカフェへ！

＼ ココがおすすめ ／

Tiệm Cà Phê Linh

ティエン・カフェ・リン

早朝から深夜まで営業！

ベンタイン市場の近くにあり、通りに面した路上席が大人気。深夜は歩道を埋め尽くすほど地元の若者で大にぎわいになります。

[ベンタイン市場周辺] MAP P.179 B-5　☎ 093-191-2657　1 Trương Định, Q.1　7:00～翌2:00　無休　ベンタイン市場から徒歩約3分　カード ×　英語

ファミリーでまったりしているなど、家族でゆる～く営業中

ハイバーチュン通りの脇にある細い路地。フォーなどの朝ごはんも

コーヒーやお茶のほかに、カットフルーツやジュースなどを売る店も♪

2度目に通ったときはもうなかった、なんてこともある！

お店の人とお客さんの見分けがつかないこともしばしば（汗）

店舗があり、店前にテーブルを広げる店は食事もできることが多いです

＼ 定番ドリンク ／

ペットボトルの紅茶　Trà Đen

カフェ・スア・ダー　Cà Phê Sữa Đá

エナジードリンク　Energy Drink

チャ・ダー　Trà Đá

1 練乳入りのアイスコーヒー。ブラックの場合はカフェ・ダー。「ダー」は冷たいの意　2 アイスティー。お茶は濃いめがデフォルト　3 ベトナムの「午後ティー」的な存在。かなり甘いので覚悟を　4 エナジードリンクはベトナムでもポピュラーな飲み物

09:00

早起きして何する?

朝活inホーチミン。

選択肢は多彩!
ベトナムで朝、できること

朝早くからオープンしているお店が多いからか、滞在中は自然と朝方になってしまうのがベトナムの不思議。朝ごはんの店はフォーやバイン・ミーなどたくさんあるし、早朝は旅行者が比較的少ないので**ローカルな街の風景**を楽しめます。

私のお気に入りコースは、まずは朝ごはんを食べてから、**写真を撮りつつ街をフラフラとおさんぽ**。川沿いまで歩いていって、ゆったり流れるサイゴン川を眺めたり、昔ながらの市場をのぞいてみたり。どこかのんびりとした時間が流れているのも、ベトナムの朝の魅力です。

Ho chi minh city
IN THE MORNING

1 バイン・ミーで朝ごはん。

ベトナムのサンドイッチ、バイン・ミーは朝食にぴったり。テイクアウトしてピクニック気分を味わうのもおすすめ。

マヨネーズで和えた玉子をサンドした洋風バイン・ミー

Bánh Mì Trứng Mayo
バイン・ミー・ チュン・マヨ
5万5000VND

Bánh Mì 74

バイン・ミー・74

テイクアウトもOK

ハイバーチュン通りからゲートを入った中庭のような空間にあるバイン・ミーのカフェ。キッチンカーのような雰囲気が◎。

[ドンコイ通り周辺] MAP P.178 E-2
☎ 028-3825-1676 🏠 74/7 Hai Bà Trưng, Q.1 🕘 8:00～22:00 🔓 日曜 📍 市民劇場から徒歩約5分 カード ○ 英語

★★★ ネイルサロンは空いていれば予約なしでも入れますが、2人同時の場合などは予約が安心。午後は混雑しがちです。

果肉入りライチティーはさっぱりとした後味で暑い日に最適

Trà Vải
チャー・ヴァイ
6万5000VND

2 リバーサイドをおさんぽ。

ホーチミンのシンボル、サイゴン川。川沿いは公園のようになっていて、おさんぽに最適です。カフェでひと休みもお忘れなく。

KATINAT

カティナット

サイゴン川のほとりのカフェ

ホーチミン発のカフェブランド「カティナット」。市内に何軒もありますが、おすすめは川沿いに広いテラス席があるこちらのお店！

［ドンコイ通り周辺］ MAP P.178 F-3 ☎ 028-7300-1056 10B Tôn Đức Thắng, Q.1 7：00～翌1：00 無休 市民劇場から徒歩約7分 カード ○ 英語

4 ネイルで準備。

身支度を調えてから一日をスタート♪

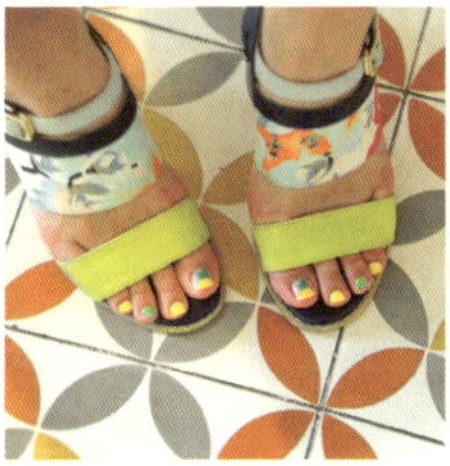

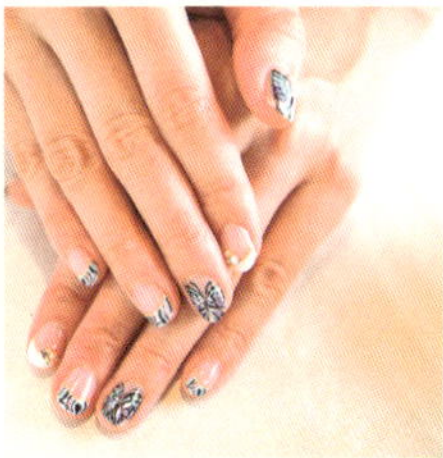

Merci

メルシー

カフェ併設の
ヘア&ネイルサロン

フランス人オーナーによる洗練された空間&クオリティの高い施術で評判のお店。マニキュア17万VND～、ジェル41万VND～。ハンドマッサージ付きもあります。

［ドンコイ通り周辺］ MAP P.178 E-1 ☎ 028-3825-8799 17/6 Lê Thánh Tôn, Q.1 6：00～21：00 無休 市民劇場から徒歩約8分 カード ○ 英語

Fame Nails

フェイム・ネイルズ

街なかにある
お手頃ネイルサロン

ホーチミンに4店ある人気店。マニキュア12万VND、ジェル55万VND～とリーズナブル。アートジェルはデザイン見本を持参して。日本語ありの公式サイトで予約可能。

［ドンコイ通り周辺］ MAP P.178 E-3 ☎ 028-6267-1188 45 Mạc Thị Bưởi, Q.1 6：00～21：00 無休 市民劇場から徒歩約3分 カード ○ 英語

3 オールドマーケットへ。

トンタットダム通り（MAP P.178 E-5）は、ホーチミンの中心部にありながらローカルな市場が開かれる、下町情緒漂うエリア。朝は食堂などもありにぎやかです。

ホーチミン Best time!

09:00 プチパリなコロニアル建築にトキめく。

街なかに点在する仏領時代の美・建築

"東洋のパリ"と呼ばれる街角を歩く

19世紀から半世紀以上にわたってフランスの植民地だったベトナム。街なかには「コロニアル建築」と呼ばれる**当時の西洋建築が数多く残されて**います。

ホーチミン市内の地図を見ると分かるように、街割りもフランスの影響を受けていて、グエンフエ通りやドンコイ通りなどの大通りはコロニアル建物を起点としてまっすぐにのびています。だから、ぶらぶらと街を歩いていて大通りに差しかかると、街を見守るようにそびえる西洋建築が姿を現すというわけなんです。

気温の低い朝は街歩きにちょうどいい時間帯。バイクの行き交うアジアらしい往来からフランス建築を見上げると、遠い異国に来たんだな、と旅の感慨が湧いてきます。

1 グエンフエ通りから見るホーチミン市人民委員会庁舎。ベトナム建国の父、ホー・チ・ミン主席の像もⒶ

2 3 4 中央郵便局は黄色い外観が目印。建物内部は円形アーチやタイルが美しいⒷ

★★★ ホーチミン市最古のホテル、コンチネンタル・サイゴン（MAP P.178 D-2）もコロニアル建築です。

7

5

6

11

10

9

8

5 6 泊まれるコロニアル建築として人気のホテル・マジェスティック・サイゴン。ロビーはステンドグラスなどの装飾が美しいⒺ　7 高さ約58mの2つの鐘楼がシンボルの聖母マリア教会Ⓒ　8 9 外観の装飾も見事な市民劇場Ⓓと中央郵便局Ⓑ　10 ピンク色の外観が目を引くタンディン教会は礼拝時のみ内部見学も可能Ⓕ　11 メインストリートのドンコイ通りに面する市民劇場Ⓓ

Ⓒ 聖母マリア教会

Nhà Thờ Đức Bà

1880年に建てられたキリスト教会

ドンコイ通りの端にある大聖堂。建物内部はステンドグラスなどが見どころですが、2024年10月現在工事中で見学不可。

[ドンコイ通り周辺] MAP P.179 C-1 🏠1 Công Xã Paris, Q.1 📍市民劇場から徒歩約7分

Ⓐ ホーチミン市人民委員会庁舎

Trụ Sở Ủy Ban Nhân Dân Thành Phố Hồ Chí Minh →P.103

グエンフエ通りの北端に佇む

1902年から1908年にかけて建設された市庁舎。現在も市役所として使用されています。建物内部の見学は不可。

[ドンコイ通り周辺] MAP P.178 D-2 🏠86 Lê Thánh Tôn, Q.1 🕘内部見学不可 📍市民劇場から徒歩約3分

Ⓔ ホテル・マジェスティック・サイゴン

Hotel Majestic Saigon

[ドンコイ通り周辺] MAP P.178 F-4
→P.102、110

Ⓓ 市民劇場

Nhà Hát Lớn Thành Phố →P.103

バロック様式のオペラハウス

現在もオーケストラのコンサートやバレエなどの公演を行っています。一般の内部見学は不可で、公演の来場者のみ入場可能。

[ドンコイ通り周辺] MAP P.178 E-2
🏠7 Công Trường Lam Sơn, Q.1 🕘内部見学不可 📍聖母マリア教会から徒歩約7分

Ⓑ 中央郵便局

Bưu Điện Trung Tâm

現在も郵便局として営業

1891年に建設。当時のホーチミン周辺の地図が飾られた建物内部は見学自由で、おみやげもののショップもあります。

[ドンコイ通り周辺] MAP P.179 C-1 🏠252 Trần Phú, Phước Ninh, Q.1 🕘8:00～17:00 🔓無休 ㊎無料 📍市民劇場から徒歩約7分

Ⓕ タンディン教会

Nhà Thờ Tân Định

[3区] MAP P.177 C-2
→P.27

1 市場内には幅1mほどの小さなお店がひしめき合う　2 きんちゃくやポーチを買うならNo.950のBinh Minhへ！ 日本語が話せる店主がいて、良心的な値段も魅力　3 市場周辺はローカルな雰囲気が漂う　4 ナッツやドライフルーツは量り売り

ホーチミン　Best time!

プチプラ雑貨をハントしよ!

09:00 市場めぐりは午前中がBEST

プチプラみやげを求めて喧騒の市場へ潜入！

早朝からオープンする市場は**ベトナム雑貨やグルメみやげ**の宝庫！ホーチミンの中心部にあるベンタイン市場は観光客向けで、午後は混雑するため**午前中がオススメ**です。コーヒーやナッツ、ドライフルーツなどの食品から、サンダルやポーチなどの雑貨まで、市場内には品物がうずたかく積まれています。**定価はなく交渉制**なのですが、売り子さんは世界中のあらゆる言語をあやつる(!?)ので**簡単な日本語でOK**。彼らの押しの強さに圧倒されながらも、交渉するうちに最初の値段の半額になったりすることも！タイビン市場とタンディン市場は地元の人が多くベトナム語しか通じないこともありますが、品物の値段が安いので狙い目です。

※1万VND＝約58円

★★★ 観光客向けの市場は売り子さんの呼び込みが激しいので、トラブルが起こることも。きっぱりと断るのも大事。

ローカルな市場も

タイガーバーム
1個 7万VND程度
虫刺されなどに使う軟膏も、カラフルなパッケージが◎

プラスチック皿
1枚 5000VND程度
レトロ&キッチュなデザインが可愛い！キッチン雑貨の店で発見

タイビン市場
Chợ Thái Bình

食事もできるローカル市場

朝は肉や野菜などの食べ物を扱い、地元の人々でにぎわいます。キッチン雑貨や食品系が多く、ローカルごはんの屋台も。

[ファングーラオ通り周辺] MAP P.177 C-5 Phạm Ngũ Lão - Cống Quỳnh, Q.1 5:00～18:00頃 無休 ベンタイン市場から車で約10分

カシューナッツ
1kg 32万VND
量り売りのナッツ類は値段が書いてあるので買いやすい

スリッパ
5万VND
ビーズやスパンコールが付いたスリッパはカラーバリエが豊富

タンディン市場
Chợ Tân Định

布製品やナッツが安く手に入ります

布の品ぞろえがとにかく豊富なローカル市場。好みの生地を買ってテーラーに持ち込み、洋服をオーダーするのもおすすめ。

[1区北部] MAP P.177 C-1 336 Hai Bà Trưng, Q.1 5:00～18:00頃 無休 聖母マリア教会から車で約10分

可愛いベトナミーズ雑貨を発掘！

ポーチ
1個 3万VND
刺繍&サテンのポーチは超定番のおみやげ。まとめ買いするとディスカウントしてもらえる

ドライマンゴー
18万VND
真空パックなのでおみやげに◎。味見をさせてくれる店もある

刺繍のきんちゃく
1枚 2万5000VND
色・柄の種類がとにかく多いので、お気に入りを発掘して！

コーヒーフィルター
4万VND
ベトナムコーヒー専用のフィルター。カップを下にセットして使う

プラかご
10万VND
カラフルなプラスチックのかごは、ミニサイズから特大までアリ！

ベンタイン市場
Chợ Bến Thành →P.92

市内屈指の巨大マーケット

ホーチミン屈指の規模を誇る市場。観光客向けのおみやげがメインで、ほかのローカル市場と比べると値段は高めですが、品数は圧倒的に多いのが魅力。市場内ではスリに注意し、荷物から目を離さないように気を付けて。店によってはクレジットカードも利用可能。

[ベンタイン市場周辺] MAP P.179 C-4 Lê Lợi, Q.1 7:00～18:00頃 無休 市民劇場から徒歩約10分

photogenic
自然光が入る寺院なので、天気のいい日の朝はとってもキレイな写真が撮れます。

スリ・タンディユッタパニ寺院

Sri Thendayuthapani Temple

壁も床も一面カラフルなタイル!

ホーチミンでは珍しいヒンドゥー教寺院。祭壇の周りは回廊になっており、壁や床はすべてタイル張り。写真映えするのはもちろんですが、静かな時間が流れていて心が落ち着きます。

[ドンコイ通り周辺] MAP P.178 D-4 66 Tôn Thất Thiệp, Q.1 6:00～19:00 無休 料 無料 市民劇場から徒歩約8分

1 礼拝をする信者の方に配慮して、見学は静かに 2 キレイなクジャクのタイルを発見!

photogenic
イスラム建築の特徴の尖塔アーチもカラフル仕様。屋根の上には三日月の装飾が付いていたり、細部まで可愛い。

サイゴン・セントラル・モスク

Saigon Central Mosk

装飾が可愛いイスラム教モスク

にぎやかなドンコイ通りから1本入ったドンユー通りにあります。礼拝の時間以外も開放されていて、地元の人がのんびりと昼寝したりくつろいでいるのがなんともいい雰囲気。

[ドンコイ通り周辺] MAP P.178 E-3 66 Đông Du, Q.1 6:00～19:00 無休 料 無料 市民劇場から徒歩約3分

1 階段を上ると礼拝所。1日5回礼拝が行われる 2 街の中心にありながら、静かでゆったりとした時間が流れている

★★★ 教会や寺院は基本的に、タンクトップやミニスカートなど、肌の露出の多い格好では入場できません。

10:00

UPしまくり注意…!!な

カラフル寺院はコチラ。

国際色豊かなホーチミンには、キリスト教会にヒンドゥー教寺院、イスラム・モスクなど、カラフルなお祈りスポットがあるんです!

photogenic

建物の全景を写真に収めるには、通りの反対側へ!ヨーロッパの建築なのに、手前のバイクの洪水がアジア的。

1 内部の見学は平日の朝と夕方。内部ももちろんピンクで、ステンドグラスが素敵 2 天使の像やバラ窓など、装飾が見事

タンディン教会

Nhà Thờ Tân Định →P.23

ファンシーなピンクの教会!

3区のタンディン市場の近く、地元民の多いローカルなエリアでひときわ目立っています。植民地時代に造られたコロニアル建築で、時間によって内部の見学も可能です。

[3区] MAP P.177 C-2 289 Hai Bà Trưng, Q.3 8:00～12:00、14:00～17:00 無休 料 無料 聖母マリア教会から車で約10分

教室の隣には
食器やコスメの
ショップも♪

生春巻きは皮が
破れないよう細く
巻くのがコツ

まずは先生が
お手本を見せ
ながら説明

材料があれば
家でも簡単に
作れそう！

DATA

Cooking Class

開催時間　午前の部/9：00～12：00
午後の部/14：30～17：30
所要時間　約3時間（試食含む）
料金　84万VND
予約方法　電話または公式サイト
URL saigoncookingclass.com/

ホーチミン　Best time!

10:00

本場のベトナム料理を教わる

ぜいたく料理教室、見つけました！

驚くほど上手に作れちゃう料理教室にハマる！

ホーチミンの**人気レストランといえば必ず名前が挙がる、ホア・トゥック**（→P.86）の料理教室とあって今、大人気なのが「サイゴン・クッキングクラス」。必要な食材や道具はすべて用意されているので、ネットで予約して手ぶらで行くだけ。英語でのクラスについていけるか不安になりそうですが、**先生がお手本を見せながらゆっ**

※1万VND＝約58円

★★★ 市場で買い出しするところからスタートする買い物＋料理教室コースは99万8000VND。

くり教えてくれるので、多少言葉が分からなくても大丈夫。評判のレストランだけあり、使う食材も調味料も上質。盛り付けもキレイなベトナム料理を3品作って試食します。最後にデザートまで用意されているので終わるころにはお腹いっぱい！大満足です。

MENU 1

Gỏi Cuốn（生春巻き）

エビと豚肉にハーブたっぷりの春巻きは、巻き方のコツを教えてもらえる。ピーナッツソースが◎。

MENU 2

Gỏi Gà（チキンサラダ）

グリーンマンゴーやパプリカのサラダにBBQチキンをトッピング。ドレッシングも手作り。

MENU 3

Cơm Gói Lá Sen（蓮の実チャーハン）

蓮の実が入ったチャーハンは、本物のハスの葉と花を使って美しい盛り付けに仕上げる。

DESSERT

Seasonal Dessert（季節のデザート）

サービスで用意されるデザートは季節により異なる。写真はパッションフルーツとレモンのムース。

Saigon Cooking Class by Hoa Túc

サイゴン・クッキングクラス・バイ・ホア・トゥック

コロニアルレストランでベトナム料理体験

ゴイクン（生春巻き）やゴイガー（鶏のサラダ）など、ベトナムの定番料理をマスターできます。メニューは曜日により異なり、3品プラスデザート付き。教室はレストランの2階にあります。

［ドンコイ通り周辺］MAP P.178 E-2 ☎ 028-3825-1676 🏠 74 Hai Bà Trưng, Q.1 🕘 9:00～12:00、14:30～17:30 🔓 無休 料 84万VND 📍 市民劇場から徒歩約5分 カード○ 英語

10:00

アオザイだけじゃないんです！

再現率すごすぎな洋服オーダーメイド。

裏地なしコットンワンピ（布は持ち込み）80万VND

ワンピース1着分なら2mの布を持ち込めばOK

チャイナドレス風ワンピ 160万VND

襟やボタンの複雑なデザインも丁寧な仕上がり

ショート丈カットソー 60万VND

ウエストにゴムを入れてリブにしてみた！

子ども用ワンピ 100万VND

大人用とおそろいで作ってみては？

とことんこだわって 世界で一つのお気に入りを作る

ベトナムの縫製技術は高く、そのうえ安く作れることから、ベトナム国内には日本をはじめ海外のアパレルブランドの工場が多数あります。街なかには普段着を気軽にオーダーできる**テーラーメイドの店**も多く、ベトナムの人にとって洋服のオーダーメイドはごくフツウのこと。

見本となる写真があれば、**自分にぴったりのサイズ**で理想の作ってもらえます。さらに、襟はもっと開いて、丈はもう少し長くしたい、など**細かいアレンジ**も可能。生地を持ち込むこともできるので、イメージ通りの洋服が作れるんです。値段はワンピースなら100万VND～、冬物コートは250万VND～とお手頃なので、ぜひチャレンジを！日本語を話せるスタッフがいるお店なら、オーダーもカンタンです。

※1万VND＝約58円

★★★ 生地は持ち込みもできます。ホーチミン市内ならタンディン市場（→P.25）が品ぞろえ充実！

日本語OKの「Usagi」で洋服オーダーしてみました！

店内にはトゥアンさんが作った洋服や布生地がたくさん！

日本語堪能なトゥアンさん(左)がお店のオーナーです。

予約なしで直接お店へ。作りたい服の写真などがあると◎。

ウエストや肩幅、腕の長さなどを細かく採寸します。

服の写真を見せるとその通りに作ってもらえる！

雑誌や布のサンプルを見ながらデザインを相談します。

裏地付きコットンワンピ 160万VND

再びお店へ。店内で試着して仕上がりを確認します。

制作スタート！ 再来店の日を伝えて楽しみに待ちます。

Usagi
ウサギ

全て日本語でオーダー可能

日本に語学留学していたという日本語堪能なオーナー、トゥアンさんの店。細かいリクエストも伝えられるのが最大の魅力です。冬物のコートやYシャツ、アオザイなどなんでもござれ。

[ドンコイ通り周辺] MAP P.178 E-2 ☎ 090-824-0816
44 Hai Bà Trưng, Q.1 9:30～19:00 無休
市民劇場から徒歩約5分 カード○ 英語 日本語

Data

TAILOR-MADE

所要日数 1～2日間
料金の目安 ワンピース100万VND～、スカート90万VND～、コート250万VND～
支払い方法 現金またはクレジットカード(ベトナムドン、US$、日本円で支払い可能)

ホーチミン Best time!
11:00

プチパリな街だからパンもハイレベルなんです!

ベーカリーカフェでパン活。

ずっしりと食べ応えのあるおやつ系パン。シナモン・ロール 4万5000VND Ⓐ

しっとり甘い♡

エスカルゴ・ショコラ3万VNDはチョコチップ入りのデニッシュ Ⓐ

マンゴー＆パッションフルーツのムース、サイゴン・サンセット12万VND Ⓑ

外サク＆中フワ

バターが香るミニ・クロワッサン 2万VND Ⓑ

アーモンドの食感も楽しめるクロワッサン・ダマンド6万8000VND Ⓐ

クリームチーズ×ベリーのケーキ、ショーン10万VND Ⓑ

ホーチミンはベーカリー激戦区!?

フランスに統治されていた時代があったことから、食文化としてパンが根付いているベトナム。ベーカリーも多く、**フランス風のハイレベルなパン**を味わえます。

バン・バイ・ミアは、ホテルシェフがプロデュースするベーカリー。クロワッサンをはじめとするパンはどれも絶品で、ショーケースの中には華やかなケーキも並びます。サント・ノレは支店も多数ある人気店。パンのほかにフランス料理のデリやチーズも扱っているので、テイクアウトしてホテルでプチパーティーなんてこともできちゃいます。**テラス席で優雅な朝食タイム**を過ごしてみては?

Ⓑ Bánh by Mia
バン・バイ・ミア

ホテルメイドだからおいしい!

5つ星ホテル、ミア・サイゴン(→P.112)のペイストリーシェフが手掛けるパン＆スイーツの店。カヌレも最高なので、ぜひ味わって!

[タオディエン] MAP P.180 E-2 ☎070-852-8515 🏠10 Trần Ngọc Diện, Thảo Điền ⏲7:00～21:00 🔒無休 📍市民劇場から車で約20分 カード○ 英語

Ⓐ Saint Honoré Saigon
サント・ノレ・サイゴン

フランス仕込みの本格派

本場フランス発のベーカリー。テラス席のある別荘のような建物も素敵です。ボリューム満点のスイーツ系パンの品ぞろえが豊富です。

[タオディエン] MAP P.180 D-1 ☎028-3620-1816 🏠33 Tống Hữu Định, Thảo Điền ⏲7:00～21:30(火曜は6:00～) 🔒無休 📍市民劇場から車で約18分 カード○ 英語

※1万VND＝約58円

★★★ バン・バイ・ミアを手掛けるミア・サイゴン・ラグジュアリー・ブティック・ホテルの朝食パンも◎。

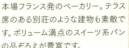

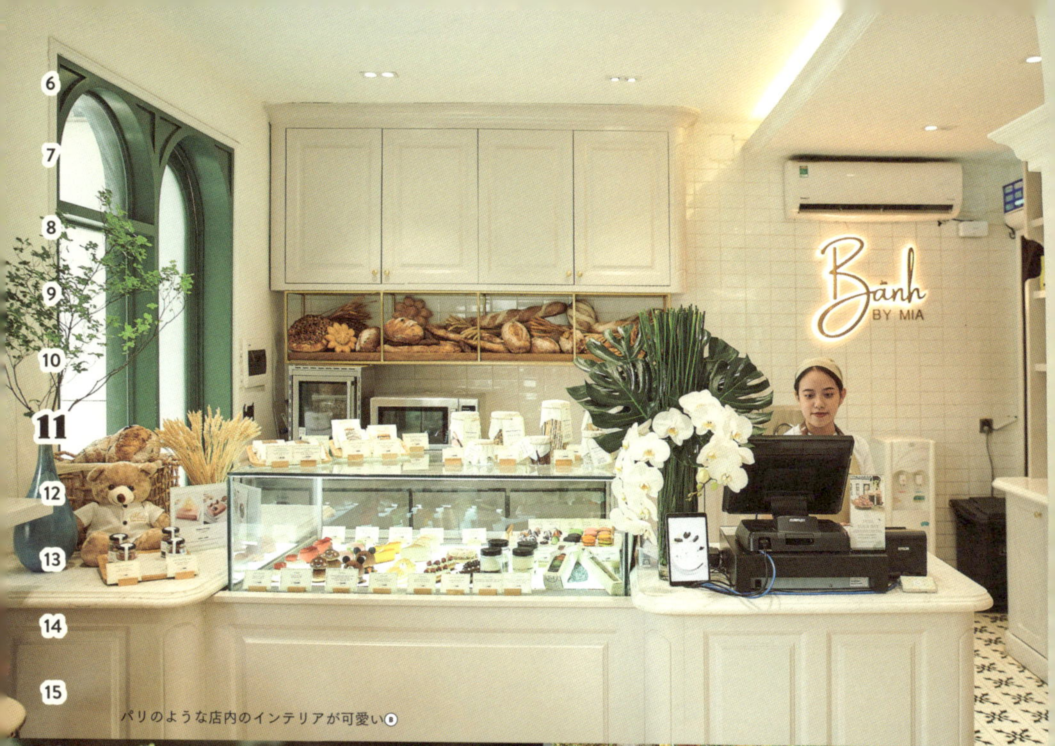

パリのような店内のインテリアが可愛いⒷ

カフェ・ラテ6万5000VNDとともにⒷ

緑に包まれたテラス席が心地よいⒷ

屋台グルメから
ローカル食堂まで！

アン コム チュア？（ご飯食べた？）
Ăn Cơm Chưa?

ローカル朝ごはん

（バイン・ミー）
Bánh Mì

パテや香草を挟んだベトナム風サンドイッチ。
ヌクトゥン（醬油）のソースが味の決め手！

Như Lan
ニュー・ラン

早朝から営業の有名店！

創業50年以上の老舗ベーカリーの
バイン・ミーは、地元のファンも多
数。バイン・ミーは指さしで買えます。
店内は食堂になっており、B級グルメ
の惣菜などもテイクアウト可能。

[ドンコイ通り周辺] MAP P.178 E-5
☎028-3829-2970 🏠50 Hàm Nghi,
Q.1 🕐6:00〜24:00 無休 🚗市
民劇場から車で約5分 [カード] × [英語]

パクチー抜きも
リクエスト可！

外はパリッ
中はフワッな
バゲットが
たまらん…！

Bánh Mì
バイン・ミー
3万VND

豚肉のパテやハム、ソー
セージのほか、香草や
野菜がたっぷり

はみだすくらい
具だくさん😊

Ho Chi Minh city IN THE MORNING

おやつはチェー！

チェー・ソン・サ
ー・ホット・ルー2
万3000VND

Xôi Chè Bùi Thị Xuân
ソイ・チェー・ブイ・ティ・スアン →P.78

鶏おこわとチェーが名物の食堂

できたてのソイ・ガーを店内で味わ
えます。メニュー表を見てカウンター
で注文し、先にお会計をするシステ
ム。指さしでトッピングを注文できる
チェーも名物です。

[ファングーラオ通り周辺] MAP P.177 B-
5 ☎028-3833-2748 🏠111 Bùi T
hị Xuân, Q.1 🕐6:30〜22:00 🔒
無休 🚗ベンタイン市場から車で約10分
[カード] ×

（ソイ・ガー）
Xôi Gá

もち米を鶏のダシで炊いたおこわは朝食の定
番。鶏肉も添えられボリュームも十分。

Ngon!
(おいしい！)

ダシがじんわり…!!

ニンジン、大根の
漬け物付き。

Xôi Gá
ソイ・ガー
3万5000VND

ほんのりと醬油風味
で、骨付きの鶏肉がジ
ューシー！

Bánh Cuốn《バイン・クオン》

米粉の生地でクレープのように具材を包む蒸し春巻き。中身は豚肉のハムがポピュラー。

Bánh Cuốn Hồng Hạnh

バイン・クオン・ホン・ハン

メニュー豊富な食堂

朝から夜まで営業し、地元民に愛される店。バイン・クオンのほかレモングラスに巻いた豚肉の炭火焼1万VNDも人気。

[1区北部] MAP P.176 D-2 ☎098-856-4606 🏠17 A Nguyễn Thị Minh Khai, Q.1 ⏲6：30〜23：00 🔓無休 📍聖母マリア教会から車で約5分 カード× 英語

BÁNH CUỐN HỒNG HẠNH

ベトナムの魚醤、ヌクマムをつけて。
野菜、ハーブ、盛り盛り!!

Bánh Cuốn Nóng Nhâm Thịt
バイン・クオン・ノン・ニャン・ティット
5万2000VND

豚ひき肉やキクラゲ入りの蒸し春巻き。ポークチョップ添え

できたてのホカホカです。
プルプルな食感♡

Bánh Cuốn Nhân Thịt
バイン・クオン・ニャン・ティット
4万8000VND

たっぷりのハーブと一緒にヌクマム（魚醤）につけていただく

Tây Hồ Cô Nhỏ

タイ・ホー・コー・ニョー

できたての蒸し春巻き

店頭で作るできたてのバイン・クオンを味わえる人気店。1961年創業の老舗で、3代にわたり味を守り続けている。

[1区北部] MAP P.176 D-1 ☎028-3820-0584 🏠127 Đinh Tiên Hoàng, Q.1 ⏲6：00〜20：00 🔓無休 📍聖母マリア教会から車で約8分 カード× 英語

TÂY HỒ

Cơm Gà Hải Nam

コム・ガー・ハイ・ナム

コム・ガーの有名食堂

鶏のダシが効いた看板メニューのチキンライスのほか、豚・鴨・チャーシューなどトッピングはバラエティ豊富！

[ファングーラオ通り周辺] MAP P.176 D-5 ☎098-312-3678 🏠205 Calmette, Q.1 ⏲9：30〜20：30 🔓無休 📍ベンタイン市場から徒歩約5分 カード○ 英語

HẢI NAM

パクチーと一緒に！
骨付き。だから旨い。

Cơm Đùi Gà Luộc
コム・ドゥイ・ガー・ルオック
6万5000VND

チキンライスに茹でた骨付きのチキンレッグがのり、食べ応え◎

ツルツル春雨麺♪
ヘルシー!!

Miến Gà
ミエン・ガー
10万VND

鶏のクリアなスープとつるつるの春雨が絶妙にマッチ。

マイ・スアン・カン

Mai Xuân Cảnh

鶏フォー＆春雨が美味

雑味のない、さっぱりとした鶏ダシスープ麺のお店。麺はフォーやミエン（春雨）やミー（小麦麺）などを選べます。

[ドンコイ通り周辺] MAP P.178 D-1 ☎090-919-6989 🏠57 Nguyên Du, Q.1 ⏲6：00〜翌2：00 🔓無休 📍市民劇場から徒歩約5分 カード×

Cōm Gá《コム・ガー》

鶏ガラスープで炊いたベトナム風チキンライス。トッピングは骨付き鶏。

Miĕn Gá《ミエン・ガー》

鶏ダシを使ったあっさり味のスープでいただく春雨麺は朝食にぴったりのメニュー！

何して過ごす？
朝のロカナビ。

LOCAL NAVI in the Morning

早起きが多いベトナム人は、公園に行ったり屋台で朝食を食べたり朝からアクティブ。

PHO

こんなフォーもアリ!?

変わりダネフォーの店へ

バックパッカー街のファングーラオ通り周辺で人気の食堂。名物はボー・コー（ビーフシチュー）のスープでいただくフォー。洋風のスープがクセになりそう!? もちろん通常のフォーもアリ。

Phở Quỳnh
フォー・クイン
［ファングーラオ通り周辺］MAP P.177 C-5 ☎083-836-8515 🏠323 Phạm Ngũ Lão, Q.1 🕗8:00～翌3:00 🔓無休 📍ベンタイン市場から車で約8分 カード×

1 ホーチミン市内に3店ある人気のチェーン店 2 フォー・ボ・コー 7万9000VND

PARK

ベトナム人は早起きがお好き

地元民は公園で朝活

早起きなベトナムの人々は朝から活動的！公園で5～6時頃から太極拳？をしていたり、謎の運動器具で体を動かしたり、ラジオ体操的なことをしていたり。思い思いに朝活に励む地元っ子の姿があり、屋台や食堂が6時頃には開店するのもうなずけます。

COFFEE

地元民はスタバよりローカル！

お助けコーヒーチェーン

地元民御用達のカフェのチェーン店といえば、ハイランズ・コーヒーやチュングエン・コーヒー。値段もリーズナブルなのでぜひ体験してみて。

NAIL

“旅ネイル”をしてみたーい！

出張ネイルという選択肢

バッチャン焼やタイルなど、ベトナムカルチャーをモチーフにした“旅ネイル”が評判のカワイイ・ネイル。店舗はないのですが、ホーチミン市内のホテルに出張してくれます。マニキュアは28～30万VND、通常デザインのジェルは35万VND、旅ネイル（ジェル）は85万VND程度。日本語サイトで予約が可能。

アートが繊細な旅ネイルが一番人気

Kawaii Nail
カワイイ・ネイル
☎090-259-8011（日本語）
🕗10:00～18:00 🔓無休
カード× 日本語
※出張費5万VND

VISIT TO TRAVEL AGENCY

頼れる現地の日本人スタッフがいる！

旅行会社のオフィスで旅相談

ホーチミン市内のツアーや郊外の街への日帰り旅をするなら、まずは旅行会社に相談！空いていれば前日でも予約可OK！

TNK & APT TRAVEL JAPAN
［ファングーラオ通り周辺］MAP P.177 C-5 ☎093-893-9328 🏠90 Bùi Viện, Phường Phạm Ngũ Lão, Q.1 🕗8:00～20:00 🔓無休 📍ベンタイン市場から徒歩約12分 カード○ 日本語

WHAT IS LEVEL 0 ?

知らないと高確率で間違える…

ベトナムには0階がある

ホーチミンのホテルや商業ビルなどでは、「0階」があるのがスタンダード。「0階」は「G（Ground floor）」とも表示され、日本の1階にあたります。日本の感覚で階数を間違えないよう注意しましょう。「0階」文化はなぜかホーチミンでよく見られ、ハノイなどではあまり見かけない光景です。

OLD BUILDING

よく言えばノスタルジック！？

古い建物は老朽化が進んでいるので注意

ホーチミンでは、築数十年の古い建物が当たり前。最近では古いアパートにおしゃれなショップやカフェができるなど、ノスタルジックな雰囲気が人気です。42 グエンフエ・アパート（⊳P.45）は建物の老朽化が心配され、店には退去勧告が出されているそうですが、それはもう何年も前からのこと。ベトナムの人にとってはあまり気にならないのかも？

LESSON

知っていると楽しいベトナムのあれこれ

旅の予習をしてみる

ベトナム人はホーチミン市のことをサイゴンと呼びます

1975年のベトナム統一までホーチミンは「サイゴン」と呼ばれていました。今でもサイゴンと呼ぶ人が多いのは、建国の父ホー・チ・ミン主席を呼び捨てにしづらいから、という説も。

ベトナム映画を見て気分から入る

ベトナム人の素朴な生活や美しいベトナム家屋が見どころの『青いパパイヤの香り』や、ハノイが舞台の『夏至』など、ベトナム映画を見て出発前に旅気分をアップさせてみては？

発売元：カルチュア・パブリッシャーズ

BREAKFAST

これがベトナムスタイル！

朝食は屋台で食べる

朝から外食する習慣があるのもベトナムの特徴。仕事や学校の前にバイクで近所の屋台へ行き、フォーやおかゆを食べるのは普通のことなのだとか。

METRO

2024年開通予定？

ホーチミン市内で地下鉄の運行スタート

長く建設中だったホーチミンの地下鉄（1号線）が完成間近。1区のベンタイン市場からタオディエンにアクセスできます。運行開始時期は延期を繰り返しているのですが、2024年末の予定とのこと。

CONVENIENCE STORE

24時間営業の店もアリ！

コンビニ&ドラッグストアでだいたいのものはそろう

セブンイレブンやファミリーマートなど、街なかには日本のコンビニが点在しています。「ガーディアン」はオレンジの看板が目印のドラッグストア。ともに日本ブランドのコスメが置いてあります。コスメを忘れたときは、コンビニやドラッグストアへ駆け込み！

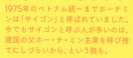

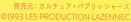

42 グエンフエ・アパートメント（→P.45）の人気カフェ、サイゴン・オイはランチのフォーも絶品！

Ho chi minh city

THE BEST TIME IN THE

Noon

12:00 - 14:00

お昼になったら待ちかねたベトナムごはん！ローカル店の定番料理もよし、カフェのおしゃれベトナミーズもよし、ホーチミンなら選択肢は無限です。食後はタオディエンやチョロンなどの人気のエリアに足をのばすのもおすすめです。

1 注文は指さしでOK　**2** ベトナム北部の家庭料理が並ぶ　**3** 注文は1階で。2階にもテーブル席があるが、案内はないので自分で席をとる

ホーチミン　Best time!

12:00

安い！ 早い！ うまい！ のローカル食堂がスゴイ

コム・ビン・ヤンで ローカルごはんしてみる。

これぞ地元スタイル！な 安ウマ食堂へGO

オープンと同時に店先にずらーっと並ぶできたての家庭料理。香りにつられて店をのぞいていると、「席空いているから入りなよ！」とばかりに店員さんが手招きします。中へ入ると、ちょうどお昼前でお店は混み始めたところ。お客さんは**近くで働く人々や家族連れなど地元の人が多い**ので、注文に時間がかかる初心者は、まだ空いている早めの時間に訪れるのが吉です。

注文は意外と簡単で、食べたいおかずを指で示すと「スモール？・ビッグ？」と量を尋ねられます。色々試してみたいなら、サイズはスモールがおすすめ。ご飯とスープは自動的に人数分付いてくるので、**おかず数品で満腹になる**こと間違いなし！

Ho chi minh IN THE NOON

（ コム・ビン・ヤンの定番メニュー ）

イカの肉詰め
Mực Nhồi Thịt Sốt Cà
豚肉を詰めて蒸した小イカを、トマトで煮込んだもの。手間のかかった家庭料理の定番

焼きナス
Cà Tím Nướng
焼いて皮をむいたナスに、ヌクマムで味付けした豚ひき肉を合わせた定番料理

豚の角煮
Thịt Kho Trứng
ヌクマムを使ったゆで卵入り豚の角煮。豚肉は箸が通るくらいやわらかい

白身魚の煮付け
Cá Kho
ナマズや雷魚などの川魚を醤油味のタレで煮込む。ヌクマム（魚醤）が隠し味

Đồng Nhân Cơm Bà Cả

ドン・ニャン・コム・バー・カー

ローカル食堂で地元ごはん

地元客で満席になる人気の大衆食堂。メニューはベトナムの郷土料理で日替わりです。空心菜やもやしの炒め物、食後のフルーツは無料。

[ベンタイン市場周辺] MAP P.179 B-4　☎ 028-3822-1010　42 Trương Định, Q.1
9:00～14:30、16:00～20:00　無休　ベンタイン市場から徒歩約5分　カード×

What's Cơm Bình Dân？
（コム・ビン・ヤン）
大衆食堂のこと。大皿に盛られた惣菜の中から好きなものを選んで、ご飯と一緒に食べるのが地元スタイル

※1万VND＝約58円

★★★ レストランのようなサービスはないけど、手間ひまかかった料理を味わえるのがコム・ビン・ヤンの魅力です。

これで全部で
29万VND!

ご飯とスープは人数分用意される。3人分でご飯2万VND、スープ3万VND。付け合わせの野菜は無料で、3人でも十分満腹に！

ぜんぶ実食！

フォーだけじゃない！ 個性豊かな麺料理を食べ比べ

ベトナムの麺といえば、米粉を使った平麺のフォーですが、実はこれはハノイなどのベトナム北部を代表する料理。ほかにもベトナム各地には、**ブンやフー・ティウ、カオ・ラウなど**のさまざまな麺の種類があり、**料理のしかたも地方によってさまざま**です。

ヌクマムの香りがポイントの米粉のつけ麺

Bún Chả
ブン・チャー
7万VND

炭火焼の豚肉団子も入り、食べ応え◎。

ブン・チャー

Bún Chả

from ハノイ（北部）

ブンはところてんのように押し出した細い米粉の麺。ヌクマムを使った甘辛いスープで。

Bún Chả 145

ブン・チャー 145

女子に人気のおしゃれなブン・チャー専門店

旅行者の多いブイヴィエン通りにあり、カフェのような空間が魅力。ベトナムの魚醤、ヌクマムを使いつつもあっさりと食べやすい味が特徴。

［ファングーラオ通り周辺］MAP P.177 C-5 ☎ 091-933-6773 145 Bùi Viện, Q.1 9:30〜16:00 無休 ベンタン市場から車で約7分 カード × 英語

フー・ティウ

Hủ Tiếu

from ミトー（南部）

米粉とタピオカ粉を使った麺料理。ミトー風と、カンボジアから伝わったプノンペン風がある。

Thanh Xuân

タイン・スアン

地元の人が訪れるミトー風フー・ティウの店

店の外のテーブル席で食べるローカルな店。タピオカ米の入ったモチモチ食感のフー・ティウは、タレと混ぜてから味わうと美味。

［ドンコイ通り周辺］MAP P.178 D-4 ☎ 090-954-2097 62 Tôn Thất Thiệp, Q.1 6:00〜13:30 無休 市民劇場から徒歩約7分 カード ×

とろっとした酸味のあるタレが特徴の汁なし麺

Hủ Tiếu
フー・ティウ
7万VND

汁ありか汁なしを選べる。人気は汁なし。

※1万VND＝約58円

★★★ ベトナム料理といえばフォーのイメージが強いですが、実は現地ではフォーよりブンの店のほうが一般的だとか。

Bun Bo Hue

ホーチミン Best time!

12:00 ベトナム各地の麺料理を

ご当地ヌードルをホーチミンで食べ比べ！

太麺に醤油ダレを和えていただく
Cao Lầu
カオ・ラウ
6万5000VND

焼き豚や揚げせんべい、ハーブを混ぜて味わう。

Cao Lầu《カオ・ラウ》

from ホイアン（中部）

米粉とかん水または木灰の上澄み液を使うホイアン独特の太麺。ざらざらとした歯ごたえ。

Bếp Huế

ベップ・フエ

ベトナム中部の料理が美味しい隠れ家店

カオ・ラウやミー・クアン、コム・ヘン（しじみご飯）などベトナム中部の料理を扱う店。カフェのようなおしゃれな雰囲気で人気。

[1区北部] MAP P.177 C-1
☎ 03-9289-2407 🏠 83 Thạch Thị Thanh, Q.1
🕒 6:30〜21:30 🔒 無休
📍 聖母マリア教会から車で約10分 カード ○ 英語

Bún Bò Huế《ブン・ボー・フエ》

from フエ（中部）

米粉麺のブンを使ったフエ名物の牛肉麺。牛肉のダシが効いたピリ辛のスープが特徴。

Bún Bò Gánh

ブン・ボー・ガン

ブン・ボー・フエといえばココ！の人気店

オープンエアの席と店内席を選べるベトナム料理レストラン。看板料理のブン・ボー・フエのほか、サイドメニューの春巻きもおすすめ。

[3区] MAP P.177 B-1 ☎ 028-6684-3263 🏠 110 Lý Chính Thắng, Q.3 🕒 7:00〜21:00 🔒 無休 📍 聖母マリア教会から車で約10分
カード × 英語

つるんとした米粉のブンがよく合うピリ辛牛肉麺
Bún Bò Huế Đat Biet
ブン・ボー・フエ・ダット・ビエット
6万5000VND

牛肉、豚肉、エビ団子、カニ団子など具材全部のせ。

ホーチミン Best time!

13:00

まるで隠れ家のようなカルチャー発信地！

ノスタルジックなアパートめぐりが通。

色褪せた壁のペイントやコロニアル調の古いエレベーターなど、一見古びた建物の中には、今、旬なお店が集まっています！

14 Tôn Thất Đạm Apartment

14 トンタットダム・アパートメント

クリエイターが集まる流行発信地

ホーチミンの中心部、1区の外れにある。街なかの喧騒から離れてくつろげるおしゃれなカフェやバーがあり、近年注目のスポット。店舗だけでなく住居にもなっています。

[1区南部] MAP P.176 E-5 14 Tôn Thất Đạm, Q.1

店により異なる 市民劇場から車で約5分

このビルにある おすすめスポット

Things Coffee
シングス・カフェ
P.60

Snuffbox Lounge
スナフボックス・ラウンジ
P.107

1 シングス・カフェの入り口 2 アパートの入り口。入って右側の階段を上るとカフェやショップが 3 パブリックスペース 4 空間がおしゃれなシングス・カフェ

9 Thái Văn Lung Apartment

9タイヴァンルン・アパートメント

隠れ家的なヴィンテージアパートメント

日本人街のレタントン通りのほど近くに位置し、静かな立地が魅力。ビルのなかには隠れ家的なレストランやカフェがあり、知る人ぞ知る人気です。夜の落ち着いた雰囲気もステキ。

[ドンコイ通り周辺] MAP P.178 E-1 9 Thái Văn Lung, Q.1 店により異なる 市民劇場から徒歩約5分

1 壁のペイントがユニークな階段。エレベーターはない 2 朝から夜まで営業し、ランチもできるバン・クアン・カフェ

このビルにあるおすすめスポット

Bâng Khuâng Café
バン・クアン・カフェ P.61

※1万VND＝約58円

★★★ ベトナムの階数表示にはGround Floor（0階）があり、日本でいう2階は1階になるので注意。

26 Lý Tự Trọng Apartment

26 リートゥーチョン・アパートメント

ホーチミンの中心部にある話題スポット

ドンコイ通りとリートゥーチョン通りの角にあるアパート。カフェやアパレルショップなど若者に人気の店が集まる。ART GALLERYの看板がビルの入り口の目印。

[ドンコイ通り周辺] MAP P.178 D-2 26 Lý Tự Trọng, Q.1 店により異なる 市民劇場から徒歩約4分

このビルにあるおすすめスポット

LIBÉ

リベ

エッジの効いたタウンスタイルからリゾートファッションまで、レディースアイテムがそろうショップ。

☎090-940-8169 9:00～21:00 無休 カード○ 英語

1 コロニアル調のエレベーターホールがレトロな雰囲気

2 サロペット40～50万VND、ワンピース30～40万VNDなど

42 Nguyễn Huệ Apartment

42 グエンフエ・アパートメント

人気ショップが一堂に集まる大型ビル

グエンフエ通りに面する9階建てアパート。カフェやショップ、ネイルサロンなど多数の店がひしめき合う。エレベーターは有料で、1回3000VND。

[ドンコイ通り周辺] MAP P.178 E-4 42 Nguyễn Huệ, Q.1 店により異なる 市民劇場から徒歩約4分

このビルにあるおすすめスポット

Saigon Ơi

サイゴン・オイ

グエンフエ通りを見下ろすテラス席があり、SNSでも人気の自然派カフェ。レモネードは5万VND、フォー・ボーは3万VND。

☎093-897-0809 8:00～23:30 無休 カード○ 英語

1 グエンフエ通りから見るアパートメント

2 3 サイゴン・オイは5階にある

Ⓐ L'Usine Thao Dien
ルージーン タオディエン

お買い物もできるカフェ

ホーチミンの人気カフェ「ルージーン」のタオディエン店は、吹き抜けの開放的な空間が特徴。入口付近はショップスペースになっていて、オリジナルグッズやインテリア雑貨も販売しています。

[タオディエン] MAP P.180 D-2 ☎ 028-3898-9111、028-3898-9862 🏠 24 Thảo Điền, Thảo Điền ⏲ 8：00 ～ 21：00（LO20：30） 🔓 無休 📍 市民劇場から車で約20分 カード○ 日本語

1 半オープンエアの店内はウォールアートが可愛い 2 トートバッグ44万VNDなどおみやげアイテムも 3 ホットのチャイ・ラテ8万 4 マンゴー＆パッションフルーツのチーズケーキ11万

ホーチミン Best time! ホーチミンの“旬”はココにあり！

13:00 タオディエンクルーズ。

ホーチミンの今を知るなら合言葉は〝タオディエン〟

中心部のホーチミン1区から、車で約20分の〝タオディエン〟。在住外国人が多く、**近年開発が進む注目のおしゃれスポット**。ベトナムのちょっといいものを集めた**セレクトショップ**や**おしゃれなカフェ**が点在し、気の利いたおみやげを探すのに最適！ 1区からタオディエンの移動、タオディエンエリア内の移動はグラブがおすすめ。

Ⓑ Quán Bụi Garden
クアン・ブイ・ガーデン

ランチも買い物もココで

南国植物に囲まれた、温室のようなガラス張りの空間で、ベトナムの家庭料理をいただきます。店内ではソンベ焼などベトナム雑貨の販売も。

[タオディエン] MAP P.180 D-2 ☎ 028-3898-9088 🏠 55 Ngô Quan Huy ⏲ 7:30～23:00 🔓 無休 📍 市民劇場から車で約20分 カード○ 英語

➜P.67

1 店内ではアンティークのソンベ焼も販売 2 米麺と豚肉のまぜ麺。ブン・ティット・ヌン12万9000VND 3 ガラス張りのおしゃれな店内。テラス席もある

★★★ クアン・ブイ・ガーデンは（MAP P.180 E-2）に姉妹店もオープン！

D Kashew Cheese Deli

カシュー・チーズ・デリ →P.77

新感覚デリを食べる＆買う

複合空間の「サイゴン・コンセプト」にあるデリのお店。カシューナッツを練り込んだ"カシューチーズ"を使ったサンドイッチやドリンクをイートインまたはテイクアウトで楽しめます。

[タオディエン] MAP P.180 E-2 ☎ 098-989-0927 14 Trần Ngọc Diện, Thảo Điền 9:00～20:00(木～日曜は～21:00) 無休 市民劇場から車で約20分 カード○ 日本語

1 マンゴーラッシー 8万VND 2 三角屋根が目印 3 カシューチーズ、トマト、バジルをサンドしたモッツァ・ペストは14万5000VND

C Vesta Lifestyle & Gifts

ヴェスタ・ライフスタイル＆ギフツ

宝探し気分でショッピング

広い店内には、ベトナム人クリエイターによるデザイン雑貨をはじめ、インテリア、ステーショナリー、コスメなどさまざまなアイテムが。店内にはスイーツを味わえるカフェもあります。

[タオディエン] MAP P.180 D-2 ☎ 070-244-6153 34 Ngô Quang Huy, Thảo Điền 9:00～21:00（土・日曜～21：30） 無休 市民劇場から車で約20分 カード○ 日本語 →P.74

1 店内2フロアある 2 日本人パティシエが作るショートケーキ9万5000VND 3 トートバッグ23万VND

E Lê Mai Artisanal Soap

レー・マイ・アルティザナル・ソープ

肌に優しい自然派石けん

レモングラスやユーカリなど、ベトナムならではの素材で作るナチュラルソープの専門店。

[タオディエン] MAP P.180 D-1 →P.74

1 店内には箱詰めされる前の石けんが並び、香りを試せる 2 石けんは1個7万5000～9万5000VND

※1万VND=約58円

Ho chi minh
IN THE NOON

ホーチミン Best time!

13:00

食べ歩きが楽しいチャイナタウン

チョロンを散歩してみる。

市場

ビンタイ市場

Chợ Bình Tây

[チョロン] MAP P.180 D-5 57A Tháp Mười, Q.6 5:00～19:30 無休 チョロン・バスターミナルから徒歩約3分

寺院

オンラン會館 2

Hội Quán Ôn Lăng（温陵會館）

[チョロン] MAP P.180 F-4 12 Lão Tử, Q.5 6:15～17:00 無休 料 無料 チョロン・バスターミナルから徒歩約15分

寺院

ティエンハウ寺 3

Chùa Bà Thiên Hậu（天后宮）

[チョロン] MAP P.180 F-4 710 Nguyễn Trãi, Q.5 6:30～16:30 無休 料 無料 チョロン・バスターミナルから徒歩約16分

1

プラカゴ

Chị Tư 4

チー・トゥー

地元民愛用のキッチュなかごバッグ

プラスチックの手提げかごは色やサイズのバリエーションが豊富。値段は小5万VND、中7万VND。

[チョロン] MAP P.180 D-5 ☎ 028-3855-1670 21 Lê Quang Sung, Q.6 6:00～夕方頃まで 不定休 チョロン・バスターミナルから徒歩約1分 カード ×

チェー

Chè Hà Ký 1

チェー・ハー・キー（何記甜品店）

ベトナムスイーツ、チェーの人気店

メニューはチェーだけでも20種類以上。Chè Ba Màu（三色氷）は3万5000VND。日本語表示もあります。

[チョロン] MAP P.180 E-4 ☎ 028-3856-7039 138 Châu Văn Liêm, Q.5 10:00～22:30 無休 チョロン・バスターミナルから徒歩約14分 カード × →P.78

※1万VND＝約58円

★★★チョロン行きの1番のバスが出るベンタイン市場近くのバス停は MAP P.178 D-5にある。

魅惑のグルメを求めて ベトナム最大の中華街へ

チョロンはホーチミン1区から車で約20分の**チャイナタウン**。かつてベトナムに移住した華僑が形成した地区で、現在も多くの中華系の人々が暮らしています。街全体が大きな問屋街のようになっており、通りには卸売の店がずらり。1区とは異なり**ローカルな雰囲気満点**なのがチョロンの魅力です。

そして忘れてはいけないのが**中華系グルメ**。餃子やコム・ガー、チェーなどの人気店が多数あり、食べ歩きが楽しいエリアです。チョロンへのアクセスはタクシーやグラブのほかに、ベンタイン市場やグエンフエ通りから**1番の路線バス**で行くことも可能。バスの運賃は7000VND程度で、ちょっとローカル気分を味わえます。バスを下りるときは終点のチョロン・バスターミナルで。

4

2

3

コム・ガー

Cơm Gà Đông Nguyễn

コム・ガー・ドン・グエン（東源鶏飯）

チョロンに2店あるコム・ガーの店

鶏のダシで炊いたご飯に蒸し鶏をのせたCơm Gà Xì Dầu7万8000VNDが美味。

［チョロン］MAP P.180 E-4 ☎ 1800-8383 🏠 801 Nguyễn Trãi, Q.5 ⏲ 9:30～20:00 🔓 無休 📍 チョロン・バスターミナルから徒歩約10分 カード○

餃子

Sủi Cảo Đại Nương

スイ・カオ・ダイ・ヌン（大娘水餃）

餃子が名物の小さな食堂

焼き餃子10個5万VND、水餃子10個5万VNDと地元価格が嬉しい。注文はメニューを指さしでOK。

［チョロン］MAP P.180 E-4 ☎ 078-346-4168 🏠 125 Châu Văn Liêm, Q.5 ⏲ 7:00～21:00 🔓 無休 📍 チョロン・バスターミナルから徒歩約13分 カード×

南部の昼ごはん

Bánh Xēo《（バイン・セオ）》

豚肉やエビ、野菜などが入ったベトナム風お好み焼き。レタスに巻いて食べましょう。

小さく切って、レタスに巻いて。
“ ”ドーンとデカイ!!!
パリッ
ヌクマム(魚醤)と青パパイヤのタレで

Bánh Xèo
バイン・セオ
11万VND

レタスとタレが付いてきます。大きいサイズ18万VNDも

レタスてんこもり

Bánh Xèo 46A

バイン・セオ46A

焼きたてを味わえるのが嬉しい

店先にあるオープンキッチンに大きなフライパンがずらりと並び、オーダーが入ってから焼き上げるバイン・セオを提供。春巻きなどサイドメニューも豊富です。

[1区北部] MAP P.177 C-1 ☎028-3824-1110 🏠46A Đinh Công Tráng, Q.1 ⏲10:00～14:00、16:00～21:00 🔓無休 📍聖母マリア教会から車で約10分 カード × 英語

Phở《（フォー）》

ホーチミンなどベトナム南部のフォーは、ハノイと比べスープが甘めと言われています!

Phở Việt Nam

フォー・ベトナム

自家製麺のフォーを味わう!

深夜まで営業するフォーの人気店です。フォーは10種類以上と多彩で、トッピングの牛肉がたっぷりなのでボリューム満点です。石焼き鍋で提供するアツアツのPhở Thố Đá10万VND～にも挑戦して。

[ベンタイン市場周辺] MAP P.179 B-5 ☎094-363-5050 🏠14 Phạm Hồng Thái Q.1 ⏲6:00～翌3:00 🔓無休 📍ベンタイン市場から徒歩約3分 カード ○ 英語

オックステールが入ってる!!

しゃぶしゃぶみたいな石焼フォーも!

ホカホカのアツアツ

Phở Đuôi Bò
オックステールのフォー
8万VND

やわらかく煮込んだ牛の尾をどっさりトッピング。ぷるぷる食感がたまらない!

Canh Chua《カイン・チュア》

ナマズや雷魚などの白身を使った甘酸っぱいさわやかなスープ。ベトナムの食堂の定番メニュー。

Canh Chua
カイン・チュア
17万8000VND

あっさりとしたナマズを使用。甘酸っぱさの正体はタマリンド。

素焼きの器で炊くおこげご飯5万VND。あんをかけて味わう

Cơm Niêu Sài Gòn

コム・ニュウ・サイゴン

ベトナム料理店で郷土料理を

ホーチミンに3店ある人気レストラン。カイン・チュアなどベトナム南部の名物料理のほか、おこげご飯を飛ばして客席にサーブするユニークなパフォーマンスが名物。

[3区] MAP P.177 B-4 ☎ 090-130-1728 🏠 59 Hồ Xuân Hương Q.3 🕙 10:00～22:00 🔓 無休 📍 聖母マリア教会から車で約12分 カード ○ 英語

Cŏm Tăm《コム・タム》

砕いたお米を炊いたご飯とおかずを盛り合わせた料理。豚肉の炭火焼きなどが定番のおかずです。

Cơm Tấm
コム・タム
6万VND～

朝食を軽く済ませたい日は、野菜中心の惣菜をセレクトしては？

Cơm Tấm Thuận Kiều

コム・タム・トゥアン・キエウ

店内のカウンターに惣菜が並ぶ

店先で豚肉の炭火焼きを焼くコム・タムの店。メニューはないので指さしで注文します。小皿料理もテーブルに出されますが、手を付けなければお金はかかりません。

[ファングーラオ通り周辺] MAP P.176 D-5 ☎ 028-3823-0630 🏠 114 Yersin, Q.1 🕙 7:00～21:00 🔓 無休 📍 ベンタイン市場から車で約6分
カード × 英語

Ho chi minh city

THE BEST TIME IN THE

Afternoon

15:00 - 17:00

ホーチミンはカフェ天国！ ベトナムコーヒーのお店やビューが素敵なカフェ、隠れ家のようなリノベカフェなど選択肢がとにかく多彩なので、カフェめぐりがはかどります。ブラブラお買い物をした後は、スパもいいかも？

チョコレートブランドが手掛けるカフェ、メゾン・マルゥ（→P.59）では、甘いチョコレートドリンクを

カフェ・ラテ8万5000VNDとパンナコッタ4万VND

ホーチミン Best time!

15:00 王道VSニューウェーブ 食後はやっぱりベトナムコーヒーでしょ。

Saigon Coffee Roastery

サイゴン・コーヒー・ロースタリー

ハンドドリップコーヒーも美味

ベトナム中南部の高原地帯、ダラット産のコーヒー豆を使い、ハンドドリップで一杯ずつ淹れるコーヒーが美味しいと話題のお店。

[3区] MAP P.177 B-3 ☎093-880-8385 🏠232 Võ Thị Sáu, Q.3 🕒7:00~22:00 🔓無休 📍聖母マリア教会から車で約10分 カード○ 英語

隠れ家のような静かな店。自家焙煎するので、店内はコーヒーのいい香りが

※1万VND＝約58円

★★★ こだわりコーヒーのカフェでは、店で使用するコーヒー豆をおみやげに買うこともできます。

RuNam d'Or

ルナム・ドール

おしゃれなベトナムコーヒーなら

ホーチミンだけでも数軒ある、ラグジュアリーな雰囲気がステキなカフェ。オリジナルのカップでベトナムコーヒーを楽しめます。

［ドンコイ通り周辺］MAP P.179 C-1 ☎028-3829-3229 3 Công Xã Paris, Q.1 7：00〜23：00 無休 市民劇場から徒歩約7分 カード○ 英語

聖母マリア教会のすぐ近くという立地も◎

練乳入りのベトナムコーヒー Cà Phê Sữa は14万VND

伝統スタイルからニューウェーブまで選択肢は多彩

ベトナムは世界有数のコーヒーの産地。深煎りのコーヒー豆を細挽きにして、**専用のフィルター**でドリップするのがベトナム式のコーヒーです。さらにカップに練乳を入れて、混ぜながら飲むのが伝統スタイル。

路上のカフェから高級レストランまで、どんなところでも飲めるベトナム人の大好きな飲み物です。

最近は、**ベトナム産のコーヒー豆**を使い、ハンドドリップやエスプレッソマシーンで淹れるコーヒーショップも急増中。

街歩きの休憩はベトナムコーヒーで決まり！

涼しい店内席のほか、南国チックで雰囲気◎なテラス席がアリ

15:00 マイベストカフェを大決定～！

ホーチミンはカフェ天国!!

若者の間で今最も注目を集めるカフェブランドがこちらです。
ホーチミンのトレンドカフェをハシゴしてみて♪

新感覚なミルクティーカフェが
ホーチミンを席巻中！

オーガニックのウーロン茶を使ったミルクティー、
ウーロン・スア 5万5000VND

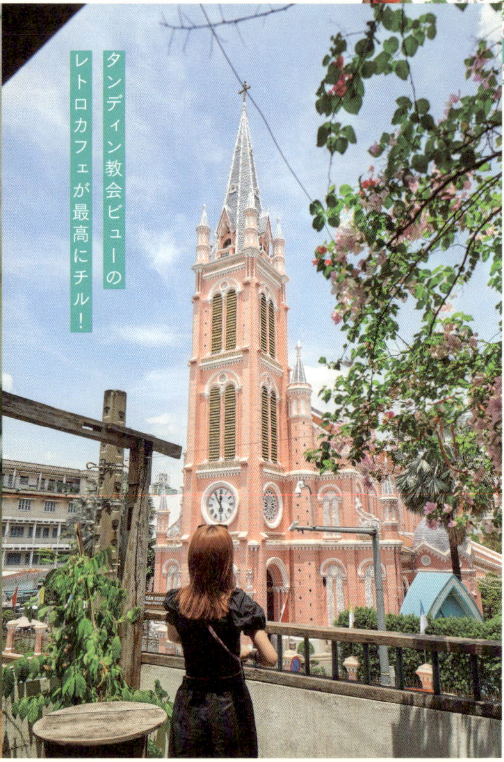

タンディン教会ビューの
レトロカフェが最高にチル！

3階のテラス席がタンディン教会を望む特等席

Phê La Chợ

フェー・ラー

ウーロンミルクティーが名物！

ベトナムでは珍しい"お茶"がテーマのカフェ。サイフォンやコールドブリュー、フレンチプレスなど淹れ方を選べる。

[ベンタイン市場] MAP P.179 C-5 ☎019-003-013 🏠1-3 Phan Chu Trinh, Phường Bến Thành, Q.1 🕘7：00～23：00 🔓無休 📍ベンタイン市場から徒歩約1分 カード○ 英語

1 スリーブを回すとイラストが出てくる 2 ベンタイン市場を目の前に望む。テラス席も

Cộng Cà Phê

コン・カフェ ▷P.77

ベトナム各地にある人気カフェ

コン・カフェは1980年代のベトナムをイメージしたというレトロなインテリアが特徴。バリエーション豊富なコーヒーを味わって。

[1区北部] MAP P.177 C-1 ☎091-186-6513 🏠274 Hai Bà Trưng, Q.1 🕘7：00～23：00 🔓無休 📍聖母マリア教会から車で約5分 カード○ 英語

1 ココナッツ・コーヒー 6万5000VND（右） 2 レトロな店内

※1万VND=約58円

★★★どのカフェもホーチミン市内に複数店あるので、近くのお店を検索してみて！

2

1 ホット・チョコレートのソコラ・マルゥ・シグネチャー9万VND。アイスにもOK **2** おみやげアイテムも販売（→P.76）

1

2

1

1 シグネチャー・ホット・チョコレート11万VNDはブラウニーとホイップクリーム付き **2** モデルニスモ建築みたい

贅沢スイーツを味わえる
チョコレートブランドのカフェ

バン・タルト・ソコラ（チョコレートタルト）11万5000VND

アーチが可愛い美建築カフェは
くつろぎ度200パーセント！

ホーチミンの街を見下ろすテラス席が素敵

カラフルなお店のデザインにも注目！ アイス（→P.79）も美味♪

Maison Marou

メゾン・マルゥ →P.76、79

ベトナム産チョコレートがテーマ

ベトナム南部のカカオを使ったチョコレートブランド、マルゥのカフェ。スイーツやドリンクのほかに、おみやげ用のチョコも販売！

［ファングーラオ通り周辺］MAP P.176 D-5
☎028-7300-5010 🏠167-169 Calmette, Q.1 ⏰9:00～22:00（金～日曜は～22:30） 🔒無休 📍ベンタイン市場から徒歩約5分 カード○ 英語

The Running Bean

ザ・ランニング・ビーン →P.77

おしゃれなモダン建築でひと休み

開放的な空間でコーヒーやスイーツを。フードメニューも豊富で一日中使えるのが嬉しい。ホーチミン市内に3店あります。

［ドンコイ通り周辺］MAP P.178 E-3
☎028-7300-3633 🏠33 Mạc Thị Bưởi, Q.1 ⏰8:00～22:00 🔒無休 📍市民劇場から徒歩約5分
カード○ 英語

2フロアある店内はどの席も素敵！ 人気店につき午後はほとんど満席に

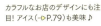

15:00

隠れ家的な空間でまったりできる

くつろぎカフェに 憩う。

街なかの喧騒から逃れて、古いアパートメントの一角にある隠れ家カフェでのんびり。

1 ゆったりソファとほの暗い照明が落ち着く店内 2 店の入り口に続く渡り廊下 3 隣の部屋は住居なので、間違えて入らないよう注意して 4 アラビカコーヒー 4万VND 5 怪しげな建物の入り口

Things Coffee

シングス・カフェ →P.44

レトロなリノベカフェを発見！

若手アーティストが集まるノスタルジックなアパート内。古い建物を生かしつつリノベーションしたインテリアがステキ。

[1区南部] MAP P.176 E-5
☎055-977-6579 🏠14 Tôn Thất Đạm, Q.1 🕒8:30～22:00 🔓無休 📍市民劇場から車で約5分 カード× 英語

※1万VND=約58円

★★★ 古いアパートメントは入り口が分かりづらいことが多いです。お店の看板を探してみて。

1 エレベーターはないので階段で3階まで上がる 2 カニとトマトの麺料理Bún Riêuはランチにおすすめ。6万VND 3 ベトナムコーヒー 3万VND

Bâng Khuâng Café

バン・クアン・カフェ ⊳P.44

フードもハイレベルでランチ利用も◎

日本人街と呼ばれる一角にある、古いアパート内。静かな午後の時間はもちろん、夜の雰囲気もムードがあっておすすめ。

[ドンコイ通り周辺] MAP P.178 E-1
☎090-366-7888 2F 9 Thái Văn Lung, Q.1 7:00～22:30 無休 市民劇場から徒歩約5分 カード×

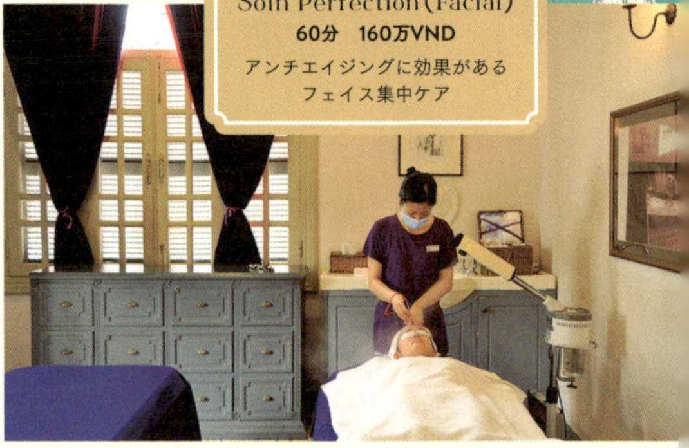

Menu
Soin Perfection（Facial）
60分　160万VND
アンチエイジングに効果がある
フェイス集中ケア

一軒家
L'APOTHIQUAIRE
ラポティケア　→P.75

コロニアル建築の一軒家スパ
1区と3区にあり、3区のお店は中心部からひと足のばした瀟洒なコロニアル建築が魅力です。フランスのプロダクトを使用しています。

[3区] MAP P.177 B-3　☎028-3932-5181　⌂64A Trương Định, Q.3　⊙9:00〜21:00（最終受付19:30）　🔒無休　聖母マリア教会から車で約15分
カード○　英語○　日本語○　※要予約

ホーチミン　Best time!
16:00
ハイクオリティーなのにローコスト！
ラグジュアリースパ BEST3。
空間やプロダクト、セラピストなど、どれをとってもハイクオリティなラグジュアリースパ。日本でこのコスパはありえません！

Ho chi minh IN THE AFTERNOON

※1万VND＝約58円　★★★ラグジュアリースパは予約をしておくのが安心。特にホテルスパは宿泊者が優先されるので、予約必須。

ホテル内のスパフロアにはスチームバスやサウナを完備している

ホテルスパ

Spa Intercontinental

スパ・インターコンチネンタル

プールが無料になるホテルスパ

スパを利用すると、施術の前後に同フロアのプールを利用できます。スチームバスやサウナも。

[1区北部] MAP P.176 D-3 ☎028-3520-9999 39 Lê Duẩn, Q.1(ホテル・インターコンチネンタル・サイゴン内) 10:00～20:00(最終受付時間はメニューにより異なる) 無休 市民劇場から徒歩約10分 カード○ 英語 ※要予約

Menu

Relaxing Aroma Indulgence

60分　145万VND

頭から足までのトータルケア。
マッサージ+10分のフットバス付

40年以上前の仏領時代に建てられた建物を利用。レセプションにコスメショップを併設

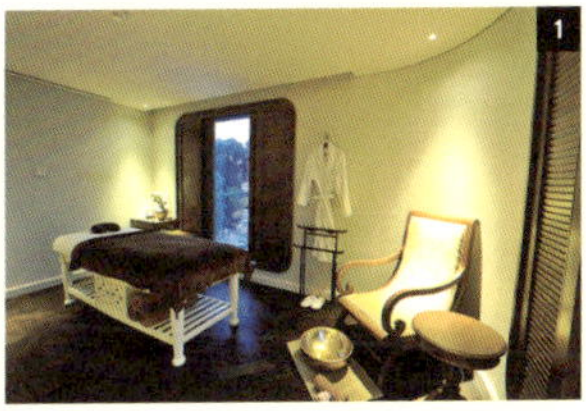

❶ スパルームはわずか6室なので予約はマスト(1日前まで) ❷ 使用するプロダクトはフランスのオーガニック製品やラポティケア(→P.62)のアイテム

Menu

Rebalancing Body Treatment

60分　120万VND

ストレス解消できるボディ
アロマセラピートリートメント

ホテルスパ

Le Spa des Artistes

ラ・スパ・デザルティスト

ホテル内の設備充実スパ

5つ星のブティックホテル内にあり、クラシックなインテリアが落ち着く個室で施術を受けられます。

[3区] MAP P.176 D-3 ☎028-3989-8888 76-78 Nguyễn Thị Minh Khai, Q.3(ホテル・デザール・サイゴンMギャラリー・コレクション内) 9:30～21:00(最終受付時間はメニューにより異なる) 無休 聖母マリア教会から徒歩約10分 カード○ 英語 ※要予約

16:00

5000円以下で100%満足できる!!

街ナカお手軽スパがスゴイ。

Menu

Traditional herbal Massage

75分　110万VND

ハーバルボールで全身をマッサージすることで血液の循環を助ける。ジェットバスも利用可能

"スパ三昧"ができる コスパ最強スパ、あります。

アジア旅の醍醐味といえば、**日本ではありえないお手頃価格**で受けられる、コストパフォーマンスが高いカジュアルスパです。でも施術のクオリティやロケーションも妥協できない…。そんなわがままな欲望をすべて叶えるスパはどこにあるの!? ということで、**ホントにおすすめできるカジュアルスパ**を探して探して、出た結論がこの3軒! インテリアもサービスも、もちろん施術も◎な街なかの最強お手軽スパがこちらです。

1 共有スパルームなら友達と同時に施術できる　2 バスタブ付きのトリートメントルーム　3 日本語サイトもある　4 アロママッサージ82万VNDやタイマッサージ92万VNDなども

Anam QT Spa

アナムQTスパ

施設充実でもお手頃価格が嬉しい

ジェットバスとサウナルームがあり、施術の前後に利用できます。共有のマッサージスペースのほか、個室も。

[1区北部] MAP P.176 E-3　☎028-3520-8108　26/1 Lê Thánh Tôn, Q.1　9:00～19:00（最終受付18:00）　無休

市民劇場から徒歩約10分

カード○　英語

※1万VND=約58円

★★★カジュアルスパが空いているのは午前中からお昼頃まで。空いていれば飛び込みOKですが、予約するのが無難です。

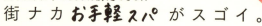

Menu

miu miu Signature Facial
60分　60万VND
ゲストの肌質によって、タイのTHANNやフランスのYves Rocherなどのスパプロダクトを使い分ける

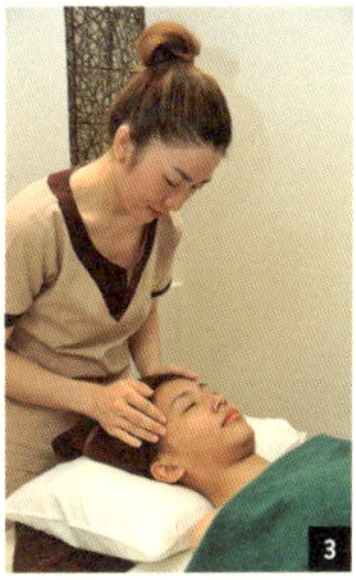

1 フロアは男女別。60分以上のコースではサウナとスチームバスが無料で利用できる　2 ハーブを使ったトリートメントも　3 フェイシャルコースがおすすめ

miu miu Spa

ミウ・ミウ・スパ

予約・施術時ともに日本語OK

ホーチミン中心部に5店ある人気スパ。ハーブやアロマオイルを使うマッサージのほか、指圧やタイ式マッサージも。

［ファングーラオ通り周辺］MAP P.176 D-5　☎028-2200-1618　🏠90 Lê Thị Hồng Gấm, Q.1　🕘9:30～23:30（最終受付22:00）　🔒無休　📍ベンタイン市場から徒歩約6分　カード○　英語　日本語

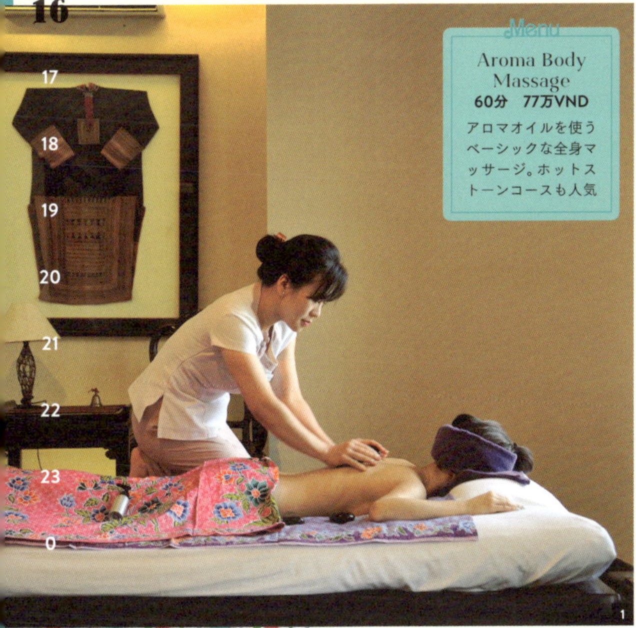

Menu

Aroma Body Massage
60分　77万VND
アロマオイルを使うベーシックな全身マッサージ。ホットストーンコースも人気

1 プライベートルームは室内にシャワー、サウナ付き　2 日本語堪能なスタッフやセラピストがいるので安心　3 フットマッサージルームや個室もある

SEN Spa

セン・スパ

日本語OKの大型スパ

8フロアに個室やフット、フェイシャルなどの専用施術室があります。全身マッサージのコースはジェットバスを無料で利用することができるのもうれしいところ！

［1区北部］
MAP P.176 E-3　☎028-3825-1250/028-3910-2174　🏠10B1 Lê Thánh Tôn, Q.1　🕘9:30～20:00（最終受付21:00）　🔒無休　📍市民劇場から徒歩約10分
カード○　英語　日本語　※要予約

1ソンベ焼のティーセット 2バッチャン焼はれんげなどのカトラリーも 3オーナーのキトさん

Ⓐ KITO

キト

形や柄も豊富なソンベ焼がそろう

アンティークのソンベ焼の品ぞろえがとにかく豊富な数少ないショップ。キッチュな布雑貨や洋服も豊富です。

[ドンコイ通り周辺] MAP P.178 D-4 ☎ 028-3829-6855 🏠 13 Tôn Thất Thiệp, Bến Nghé, Q.1 🕘 9:00～20:00 🔓 無休 📍 市民劇場から徒歩約6分
カード ○ 英語 日本語

※1万VND＝約58円

★★★ アンティークのソンベ焼の品ぞろえはたぶんキトがホーチミンNo.1。アオザイワンピも可愛いです。

ホーチミン Best time!

16:00

掘り出し物に出合える!?

アンティーク感が可愛い ベトナムの器に注目。

一期一会の出合いが楽しい アンティークの陶器選び

ベトナムの器と言えば、ハノイ郊外で生産する**バッチャン焼**、ビンズオン省で作る**ソンベ焼**、ホーチミン近郊で作る**ライティウ焼**など。バッチャン焼は菊や蓮などベトナムらしいモチーフが特徴。庶民のお皿として親しまれてきたソンベ焼は、素朴な土の風合いと赤・青などの淡い色合いの絵付けが素敵です。中国文化の影響を感じさせるライティウ焼は、個性的な図柄がおしゃれ！**どれもヴィンテージ感のあるレトロなデザイン**が魅力です。

特にソンベ焼やライティウ焼は生産量が少なく**一点物が多いので、ビビッときたら即購入が鉄則**。そんなこんなで帰る頃にはスーツケースがずっしりなんてことも！ちなみにソンベ焼は割れやすいので、手荷物で持ち帰るのが安心です。

赤い花は定番のデザイン。4万VND程度 Ⓒ

使い勝手のいいソンベ焼のオーバル皿45万VND Ⓑ

ボウル65万VND、レンゲ19万8000VND（お箸は見本）Ⓐ

貴重な“青ソンベ”は7万VND程度 Ⓒ

中国的な絵付けが可愛いバッチャン焼20万VND Ⓑ

幾何学的な模様が特徴のライティウ焼98万VND Ⓐ

Ⓒ Quán Bụi Garden

クアン・ブイ・ガーデン →P.46

レストランの一角で販売

タオディエンにあるおしゃれなレストランでソンベ焼をゲット。アンティークのソンベ焼を集めた屋外の一角と、モダンなベトナム陶器を扱う店内のショップスペースが。

Ⓑ SÔNG BÉ

ソン・ベ

センス抜群のセレクトアイテム

ベトナム人の女性オーナーが選ぶアンティークの器はどれも個性的！

［タオディエン］MAP P.180 E-2 ☎ 093-867-5026 14 Trần Ngọc Diện, Thảo Điền 9:00～17:00 無休
市民劇場から車で約20分
カード ○ 英語

ホーチミン Best time!

16:00

持ち帰りたいキッチュで可愛いアイツ

ベトナミーズ布アイテム集め。

クオリティもデザインも◎な布雑貨選びが楽しい！

ベトナムは刺繍製品や織物などのファブリックが伝統工芸。市場やおみやげ店などあらゆるところで見かける定番グッズです。

市場ならプチプライスでまとめ買いも可能ですが、やっぱりファブリック専門店の商品は一つ一つ手縫いで作られるなどクオリティの高さが魅力。また、フランスのエッセンスを取り入れた高級リネンの店なども人気です。ベトナム国内で作られるので、上質な布製品が手頃な値段で手に入るのが嬉しいところ。

水牛などベトナムの田園風景がモチーフのポーチ19万8000VND

きんちゃく（中）19万8000VNDは旅行の際に大活躍！

コースター 29万9000VND（6枚セット）はミモザの刺繍がポイント

刺繍

かつて王族の衣装を飾った伝統工芸。手作りの製品はやっぱり丈夫で刺繍も繊細。ポーチなどの小物が人気です。

ミニサイズのきんちゃく7万5000VNDはバラマキおみやげに最適すぎる！

ティッシュボックスカバー29万4000VNDでお部屋をおしゃれに

Ha Phuong

ハー・フーン

手刺繍アイテムの宝庫！

ホーチミンでは今や貴重な手刺繍の専門店。小さな店内にはきんちゃくやテーブルウエア、ベッドリネンなどが大量で、まるで宝探し気分♪

［ドンコイ通り周辺］MAP P.178 D-3 ☎028-3824-5754 🏠89 Lê Thánh Tôn Q.1 ⏰8:30～19:00頃 🔒無休 📍市民劇場から徒歩約5分 カード○ 英語

全て手作りしています♪

指輪やネックレスを収納するアクセサリーケース127万5000VND

お部屋に飾れば可愛いインテリアにもなるバスケット140万VND

リネン＆シルク

上質なリネンやシルクはお高いイメージですが、ベトナムの工場で作られるものなら値段もお手頃なので狙い目。

小花柄の刺繍が上品なトラベルポーチ87万5000VND

肌触りのいいキャミソール。リネン120万VND（右）、シルク165万VND（左）

Catherine Denoual Maison

カトリーヌ・ドゥヌアル・メゾン

小物やルームウエアの可愛さが秀逸

ヨーロッパから輸入したリネンを使用し、ベトナムの工場で手作りするフランス人デザイナーの店。テーブルウエアやベッドリネンが中心で、ポーチなどの小物も豊富。

［ドンコイ通り周辺］
MAP P.178 D-2 ☎ 028-3823-9394 🏠 38 Lý Tự Trọng Q. 1 🕘9:00～21:00 🔒無休 📍市民劇場から徒歩約5分
カード○ 英語

織物

ベトナムの少数民族の衣装に使われる織物。民族ごとに色合いや模様が異なります。

色鮮やかな刺繍が特徴のモン族のショルダーバッグ37万5000VND

幾何学模様のヤオ族の刺繍がポイントなポーチ40万VND

少数民族の織物をあしらったキーホルダー 8万7500VND

繊細な刺繍が美しいシルクスカーフ125万。色のバリエが豊富

民俗的なデザインがかわいいミニバッグは37万5000VND

mystere

ミステル

エスニック雑貨を大量買い！

少数民族が手作りする織物を使ったポーチなどの小物、クッションカバーなどのインテリア用品などを扱っています。バッチャン焼などの陶器も充実。

［ドンコイ通り周辺］
MAP P.178 E-3 ☎ 028-3823-9615 🏠 141 Đồng Khởi, Q.1 🕘8:30～21:30 🔒無休 📍市民劇場から徒歩約1分
カード○ 英語

差が付くおみやげなら セレクトショップを狙う！

ベトナムの最新デザインをチェックするなら、**地元クリエイターのクラフト雑貨**。ベトナム文化をモチーフとしたアイテムは、ベトナム好きにはたまりません。**インテリアやステーショナリー、アパレルなど、**色々なジャンルのアイテムが集まるセレクトショップなら、お気に入りがきっと見つかるはず。ザ・クラフト・ハウスは大きな木工細工の作品などを扱い、見ているだけでも楽しいお店。オーワウ・コンセプト・ストアでは個性的なファッションアイテムをゲットして♪

ホーチミン Best time!

16:00 メイド イン ベトナムな セレクトショップで買ったもの。

陶器製のコースター26万200VND（4枚セット）Ⓐ

ベトナムのアイコンがモチーフのメッセージカード各6万VNDⒷ

路上の床屋などローカル文化がテーマのピンバッジ８万VNDⒶ

ベトナムの地ビール「333」がポイントのキャップ25万5000VNDⒶ

イラストレーターがデザインしたキーホルダー6万VND（右）、5万5000VND（左）Ⓑ

Ⓑ OHQUAO Concept Store
オーワウ・コンセプト・ストア

旬のアート＆カルチャーを発信

クリエイターカップルによるセレクトショップ。ホーチミンをはじめとするベトナムのローカルアーティストによる雑貨が一堂に集まる。

［3区］MAP P.177 C-2 ☎079-983-0021 🏠58/12 Phạm Ngọc Thạch, P. Võ Thị Sáu, Q.3 🕘9:00〜20:00 🔒無休 📍聖母マリア教会から車で約8分 カード○ 英語

Ⓐ The Craft House
ザ・クラフト・ハウス →P.77

伝統とモダンが融合したアイテム

ベトナムの伝統工芸をアップデートしたハンドメイドのクラフトアイテムがそろう。コーヒーやチョコレートなどグルメみやげも。

［ドンコイ通り周辺］MAP P.178 E-3 ☎091-996-2320 🏠32 Đồng Khởi, Q.1 🕘9:00〜22:00 🔒無休 📍市民劇場から徒歩約4分 カード○ 英語

※1万VND=約58円

★★★ オーワウ・コンセプト・ストアはタオディエンにも支店があります。

SAIGON RIVER
HUONG RIVER
WEST LAKE
I BÚT YOU ON TOP
YOU ARE PHÍCH-ING AWESOME
MỘT MẸ MỤC MỚI

お店はドンコイ通りのすぐそば。ディスプレーも可愛い

Leather
レザーアイテム

マンゴーやレトロな切手などチャームは色々。25万VND〜

Desino
ディシノ

カラフル＆キッチュな革アイテム

ベトナム人デザイナーによるレザーバッグの店。好きなチャームを組み合わせて自分らしいコーディネートに。ワークショップも行っている。

[ドンコイ通り周辺] MAP P.178 E-3 ☎028-3822- 0049 10 Nguyễn Thiệp, Q.1 9:00〜21:00 無休 市民劇場から徒歩約3分 カード○ 英語

ミニバッグ445万VND＋バラのチャーム49万5000VND。きんちゃく状になった内側も革製

クラシックな色合いの総レザーのハンドバッグ495万VND

ベトナム国旗のアイコニックなパスポートケースも革製75万VND

※1万VND=約58円

★★★ディシノのアイテムは次々に新作が登場するので、売り切れ次第なくなるデザインも！

6 7 8 9 10 11 12 13 14 15 **16** 17 18 19 20 21 22 23 0

ホーチミン Best time!

16:00

現地調達&即着用で気分も上がる!

ベトナムっぽファッションアイテム。

旅を200%楽しむにはまず装いから♪

ベトナムならではのファッションアイテムをゲットして、現地で楽しみたい！ そんな願いを叶えてくれるのが**アオザイのオーダーメイド**です。フレーム・ツリー・ザッカでは、好きな布やデザインを選んでお気に入りの一着を作ることができるんです。数日で完成するので、**到着後すぐに注文すれば滞在中に着られる**のも嬉しいところ。

ベトナム人デザイナーのアパレルブランドも要チェック。私のお気に入りはレザーバッグのディシノで、**どことなくレトロ&キッチュなデザイン**が可愛い！ 新作が出る度にチェックしてしまいます。

Ào Dái
アオザイ

インドのブロックプリントが可愛いコスメポーチ20万4000VND

きんちゃく13万5000VNDは口を閉じると葉っぱのような形に♪

＼ オーダーメイドする！ ／

❶ 形を選ぶ

❷ 布を選ぶ

❸ 採寸する

Flame Tree by Zakka

フレームツリー・バイ・ザッカ

日本語OKのアオザイオーダー

襟や袖の形などを選べて、サイズもぴったりに作ってもらえます。インドのブロックプリントは369万7000VND～、インドネシアのバティック（ろうけつ染め）は610万VND～。普段着として使いやすいアオザイ風ドレス250万VND～など、オリジナルのデザインも。

本店

[タオディエン] MAP P.180 D-2 ☎070 3-134-714 🏠7A Đỗ Quang, Thảo Điền ⏰金・土曜の11:00～16:00 🔒月～木・日曜 📍市民劇場から車で約15分 カード○ 英語

サイゴン・コンセプト店

[タオディエン] MAP P.180 E-2 ☎070 3-134-714 🏠14 Trần Ngọc Diện, Thảo Điền ⏰11:00～16:00 🔒無休 📍市民劇場から車で約20分 カード○ 英語

ホーチミン Best time!

16:00

ベトナム生まれの実力派

コスメ＆香りグッズをゲットせよ。

オーガニック製品はベトナムでももはやスタンダード。体に優しく南国らしい香りのコスメやパフュームで癒されましょう♪

ITEM 1

Vesta Lifestyle & Gifts の香りアイテム

ヴェスタでは、De SaintyやThe Untold Storyなど、ベトナムのキャンドルブランドを扱う。De Saintyのキャンドル37万5000VNDは、香りの雰囲気に合った楽曲を聴けるSpotifyのプレイリスト付きというユニークなアイテム

→P.47

ITEM 2

Lê Mai Artisanal Soap のナチュラルソープ

レモングラスやジンジャー、コーヒー、ココナッツなどベトナムらしい香りが20種類以上。9万5000VND～

Ⓐ Lê Mai Artisanal Soap

レー・マイ・アルティザナル・ソープ

肌の悩みに合わせて選べる

ベトナム産の植物を使い、国内の工房で作るオーガニックな石けん。店頭で2カ月もの間熟成させる、自然素材100％のこだわりの製品です。

[タオディエン] MAP P.180 D-1 ☎093-813 7-468 🏠23 Số 1, Thảo Điền 🕙10:00～18:00 🔒土・日曜 📍市民劇場から車で約25分 カード○ 英語 →P.47

※1万VND=約58円

★★★レー・マイ・アルティザナル・ソープではシャンプーやマッサージオイルなども販売。

ITEM 3

Cocoonのスクラブ

パームシュガーやベトナム産コーヒーなど100％植物由来のスクラブ。角質を落とし、最長72時間肌を保湿する。16万5000VND

ITEM 4

Cocoonのヘアオイル

ベトナムの柑橘、ポメロ（ザボン）を配合。頭皮に栄養を与えることで抜け毛を防ぎ、髪を太く強くしてくれる。16万5000VND

ITEM 5

Nau Nauの香水

ベトナムらしい蓮の花やジャスミン、南国のフルーツ、海藻などをブレンドした香水は39万VND。持ち歩きやすいミニサイズ

ITEM 6

L'APOTHIQUAIREのアイクリーム

血液の循環を促し、目の周りのシワやくまを改善するジェル状クリーム。ココナッツオイル配合。口元のシワにも！ 150万VND

ITEM 7

L'APOTHIQUAIREのナイトクリーム

抗酸化作用で肌に栄養を与え、ハリと弾力をもたらす。寝る前に塗ると、翌朝引き締まったツルツル肌になると評判！ 140万VND

ITEM 8

Nau Nauのフェイスマスク

皮脂を取り除き、毛穴をきれいにしてくれるフェイシャルデトックスマスク31万5000VNDで肌をワントーン明るく。敏感肌向き

Ⓑ Cocoon

コクーン

ヴィーガンコスメを買うなら

乳・蜂蜜など動物性成分を使わず、植物由来のものだけで作る低刺激のコスメがそろっています。スクラブやヘアオイルが定番アイテム。

買える場所

ガーディアン、マツモトキヨシなどのドラッグストア

Ⓒ L'APOTHIQUAIRE

ラポティケア

フランス生まれの自然派コスメ

フランス発のオーガニックな化粧品を扱うコスメブランド。アンチエイジングシリーズが評判で、スパトリートメントとしても定評あり。

買える場所

→P.62、MAP P.178 F-4のショップ

Ⓓ Nau Nau

ナウ・ナウ

100％自然素材のコスメ

ベトナムの花やフルーツを使った天然素材のコスメブランド。エッセンシャルオイルなどを作れるコスメのDIYスタジオを併設。

［ドンコイ通り周辺］ MAP P.178 E-4 ☎ 093-894-6681 🏠 42 Nguyễn Huệ, Q.1 ⏰ 9:00～21:00 🔓 無休 📍 市民劇場から徒歩約4分 カード ○ 英語

ホーチミン Best time!

17:00

ゼッタイ外さない!

ホーチミン最強 グルメみやげ 7

大型スーパーやセレクトショップで今、旬なベトナミーズグローサリーを発見! パッケージにもこだわりアリ。

メゾン・マルゥのベトナム産カカオニブ16万5000VND Ⓑ

ミニサイズのタブレット。ベトナムコーヒーなど種類が豊富5万5000VND～Ⓑ

#1 CHOCOLATE

ベトナム産カカオ100%!

ベトナムは上質なカカオ豆の生産地。製法にこだわる実力派のメーカーが急増中!

5種類のフレーバーがある。2万4000VND～Ⓐ

#2 DRIED FRUTS

濃厚トロピカルフルーツが決め手!

南国のフルーツの美味しさをギュッと凝縮。マンゴーやパインなどが定番フレーバー。

紅茶やチャイなど5種類を楽しめる。各33万5000VND Ⓐ

#3 TEA

フレーバーはイロイロ

緑茶や蓮茶など、ベトナムはお茶の名産地。フラワーティーやフルーツティーなど、トロピカルな味わいの南国らしいお茶もおすすめです。

ジャスミン茶と蓮茶のティーバッグ10万VND(5個入り)Ⓒ

※1万VND=約58円

★★★アンナム・グルメ・マーケットはハイバーチュン通り MAP P.178 E-2にも店舗があります。

2

3

パケ買いもブランド買いも

#4 VIETNAMESE COFFEE

1

ベトナム産のコーヒー豆を深煎りするのがベトナム式コーヒーの特徴。豆はロブスタ種、アラビカ種などの品種があります。

1コーヒーの粉とベトナムコーヒー用のフィルターがセット。19万1000VND(A)　**2**コン・カフェの定番、ココナッツ・コーヒーを自宅で味わえるインスタント。6万5000VND（12個入り）(D)　**3**ベトナム各地のシングルオリジン12万3000VND～(E)

ベトナム料理を作れる!

#6 RICE PAPER&NOODLE

米粉麺のフォーやライスペーパーを使って、ベトナム料理を作ってみましょう♪乾燥タイプは日持ちも十分。

2

1

1オーガニックのライスペーパー7万VND程度
2フォー4万5000VNDは調味料付き。ともに(A)

本格派スパイスなら!

#5 SEASONING

ベトナムの魚醤・ヌクマムやチリソースなど、ベトナム料理に欠かせない調味料がコチラです!

2

1

3

1フーコック島のヌクマム2万2000VND(A)　**2**チリソース各7万5000VNDは辛さが3段階(A)　**3**フーコック島の黒コショウ8万7000VND(A)

香りも味も100点満点

#7 NUTS

ベトナムはカシューナッツやピーナッツなどの産地。香りを生かした加工品も人気です。

人気ブランド、ムッシュリュクスのナッツとドライフルーツのミックス8万5000VND(A)

カシューナッツで作るヴィーガンチーズ18万9000VND～(F)

(B) **Maison Marou**
メゾン・マルゥ →P.59

(C) **The Craft House**
ザ・クラフト・ハウス →P.70

(D) **Cộng Cà Phê**
コン・カフェ →P.58

(E) **The Running Bean**
ザ・ランニング・ビーン →P.59

(F) **Kashew Cheese Deli**
カシュー・チーズ・デリ →P.47

(A) Annam Gourmet Market
アンナム・グルメ・マーケット

おみやげにしたい食材たち

ホーチミン高島屋の地下にある大型スーパー。生鮮食品以外にもお菓子や調味料など、おみやげにちょうどいい上質なグロサリーがそろっている。

［ベンタイン市場周辺］MAP P.178 D-4 ☎03-9204-3674 🏠67 Lê Lợi,Q.1 🕘8:30～21:30（金～日曜は～22:00）🔓無休 📍ベンタイン市場から徒歩約5分 カード○ 英語

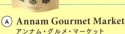

街歩きの途中に食べたい
ベトナム的最愛おやつ
アン コム チュア？（ご飯食べた？）
Ăn Cơm Chưa?
ベトナムスイーツ

Sinh Tô《シントー》

ベトナム版スムージーのこと。たっぷりのトロピカルフルーツとコンデンスミルクと氷をミキサーにかけて作ります。

Sinh Tố
(Mango & Passion Fruits)
シントー
3万5000VND

Five Boys Number One
ファイブ・ボーイズ・ナンバー・ワン

種類豊富なシントーをテイクアウト

デタム通りとブイヴィエン通りにつながる細い路地にある、隠れた人気店。テイクアウト専門で、シントーのほかにフレッシュジュース2万5000VND～もあります。

［ファングーラオ通り周辺］MAP P.177 C-5 ☎ 078-988-2290 🏠 84 Bùi Viện, Q.1 🕙 10:00～22:00頃 🔓 無休 📍 ベンタイン市場から車で約7分 カード ×

マンゴーとパッションフルーツシントー。カットマンゴーもたっぷり入っている

Chè Sương Sa Hột Lựu
チェー・スオン・サー・ホット・ルー
2万5000VND

ツルツル食感の寒天やゼリーがたっぷり

Xôi Chè Bùi Thị Xuân
ソイ・チェー・ブイ・ティ・スアン
→P.34

Chè《チェー》

ココナッツミルクやフルーツ、豆、芋、ゼリーなどを混ぜた伝統的なデザート。氷入りのアイスのほかホットもあり。

Chè Mè Đen
チェー・メー・デン
3万VND

黒ゴマ、米粉、砂糖を煮た中国風の温かいチェー

Chè Ba Màu
チェー・バー・マウ
3万5000VND

Chè Hà Ký →P.50
チェー・ハー・キー（何記甜品店）

小豆や緑豆など、豆系たっぷりでぜんざいっぽい感じです

カカオニブのつぶつぶ食感
チョコとミルクのミックス!
コーンもあるよ

Kem《ケム》

アイスクリームのこと。ベトナムならではの南国フルーツが特徴です。ローカルチェーン店が人気。

Small Cap Ice
スモール・カップ・アイス
4万5000VND

味は甘さ控えめのビターチョコレートアイスがポイント。カカオニブの食感が◎!

Kem Trái Dừa
ケム・チャイ・ズア
15万5000VND

ココナッツアイス。りゅうがんやライチ、スイカなどのフルーツと一緒に

Maison Marou

メゾン・マルゥ →P.59、77

濃厚チョコレートのアイス

ベトナム発のチョコレートブランド、マルゥのアイスクリームは、濃厚なチョコレートのリッチな味わいが魅力! フレーバーはチョコレート、ミルク、ミックスの3種類から選べるんです!

Kem Bạch Đằng

ケム・バック・ダン

ホーチミン発のアイスクリーム店

1983年創業。2階と3階がカフェスペースになっていて、ココナッツやドリアンなど南国フルーツのアイスを盛り合わせたボリューム満点のメニューがそろいます。

[ドンコイ通り周辺] MAP P.178 D-3 ☎ 028-3821-6879 🏠 26 Lê Lợi, Q.1 🕘 8:00~23:00 🔓 無休 📍 市民劇場から徒歩約6分 カード × 英語

Banh Flan《バイン・フラン》

レストランだけでなく、屋台でもおなじみのベトナム版プリン。コーヒー風味のものもあります。

チェーもおいしい

ココナッツミルクや練乳、緑豆ペーストなどが入ったチェー・タップ・カム2万5000VND

Bé Chè

ベー・チェー

市場内にあるローカル店

ベンタイン市場(→P.25)内の1154番にあるスイーツのお店。チェーやプリンが美味! ショーケースの前に写真付きメニューがあり、指差しで注文できる。

[ベンタイン市場周辺] MAP P.179 C-4 ☎ 0909-634-917 🏠 Lê Lợi, Q.1 ベンタイン市場内 🕘 6:00~18:00 🔓 無休 📍 ベンタイン市場から徒歩すぐ カード × 英語 OK

Bánh Flan
バイン・フラン
2万5000VND

本格的なカスタードプリン。氷と一緒に混ぜて食べるのが特徴。2個セット

何して過ごす？
午後のロカナビ。

LOCAL NAVI in the Afternoon

ランチに買い物に観光スポットに、大忙しな昼間の過ごし方をナビゲートします。

SHOPPING

なんでもそろう♪見るだけでも楽しい！

大型ショッピングセンターをフル活用しましょう♪

ドラッグストアやスーパーがある大型ショッピングセンターは困った時のお助けキャラ！

Ho chi minh Takashimaya
ホーチミン高島屋

サイゴン・センター内の日系デパート。地下に高級スーパー、アンナム・グルメ・マーケット（→P.77）もあります。
［ベンタイン市場周辺］MAP P.178 D-4 ⏰9:30～21:30（金～日曜は～22:00） 🔒無休 📍ベンタイン市場から徒歩約5分

Vincom Center
ヴィンコム・センター

ドンコイ通りにある大型S.C.。ファッションブランドを中心に、海外コスメもそろっています。
［ドンコイ通り周辺］MAP P.178 D-2
⏰10:00～22:00（土・日曜は9:30～）
🔒無休 📍市民劇場から徒歩約3分

Check!!

日本未上陸のインスタマシーン『Bot』を使ってみた！

撮った写真をインスタっぽく正方形にトリミングして印刷。旅の記念になりそう。ヴィンコム・センターの地下にあります。

Saigon Square
サイゴン・スクエア

サンダル、ワンピース、Tシャツなど若者向けのアイテム多数。値段は交渉制で市場のよう。
［ベンタイン市場周辺］MAP P.179 C-4
⏰9:00～21:00 🔒無休 📍ベンタイン市場から徒歩約4分

CAFE

ひと休みはココで

ギルティなドーナツカフェが可愛い！

Dosh Doughnuts
ドッシュ・ドーナツ

ふわふわ生地のドーナツは18種類以上あります。42 グエンフエ・アパートの中にあり、インテリアが可愛いのも高ポイント！
［ドンコイ通り周辺］MAP P.178 E-4
☎090-131-2205 🏠42 Nguyễn Huệ, Q.1 ⏰8:00～22:00 🔒無休 📍市民劇場から徒歩約4分
カード○ 英語

スタードドーナツ4万5000VND。表面はキャラメルコーティング

テラス席からはグエンフエ通りを見下ろす

ボリューム満点のバナナキャラメルドーナツ4万3000VND

LUNCH

どこで食べる?

ホーチミンのランチの正解とは?

1 朝から夜まで営業のベトナム料理店は使い勝手◎

色々観光していたら、いつの間にかお昼過ぎ!そんなときに便利なのが、ランチからディナーまで通しで営業するレストランです。

→P.42、52

2 ローカルごはんなら食堂へ!

地元の人にまざって家庭料理を味わうなら、おすすめは食堂。特に色々な惣菜を試せるコム・ビン・ヤン(大衆食堂)がオススメ。

→P.40

3 カフェでおしゃれ系ベトナミーズ♪

おしゃれな空間でモダンなベトナム料理を味わえるカフェレストランは、ローカル料理に飽きたときにぴったりのグルメアドレスです。

→P.46、61

Check!!

知っとくと◎な食堂のジョーシキ。

▶ **箸や皿は拭いてから使う**

汚れていることもあり。食堂や屋台では、マナー違反ではありません。

▶ **ウェットティッシュは有料**

袋に店の名前が入ったウェットティッシュは有料。5000VND程度。

▶ **ハーブはお代わり自由**

あらかじめ卓上に置かれているハーブや野菜はお代わり無料です。

▶ **食後の長居は遠慮しましょう**

食堂や屋台はお客さんの回転が速いので、混雑時は特に長居はNG。

SIGHTSEEING

ベトナムが分かる

観光スポットはココ!

ベトナムやホーチミンの歴史や文化が分かる、主な観光スポットがこちらです。

統一会堂
Dinh Độc Lập

南ベトナム政権時代の旧大統領官邸。100以上の部屋があり、豪華な内装の会議室や応接室を見学可能。

[ベンタイン市場周辺] MAP P.179 B-2 8:00~15:00 無休 料4万VND ベンタイン市場から徒歩約12分 カード×

戦争証跡博物館
Bảo Tàng Chứng Tích Chiến Tranh

約40年前に終結したベトナム戦争に関する写真・資料を展示する博物館。戦車や戦闘機も屋外に展示されています。

[3区] MAP P.177 C-3 8:00~15:30 無休 料4万VND 聖母マリア教会から車で約7分 カード×

美術博物館
Bảo Tàng Mỹ Thuật Thành Phố Hồ Chí Minh

黄色いコロニアル建築の博物館。伝統工芸品や戦時下の絵画、モダン芸術の絵画など、ベトナムアートが集結しています。

[ファングーラオ通り周辺] MAP P.176 D-5 8:00~17:00 月曜 料3万VND ベンタイン市場から徒歩約3分 カード×

ホーチミン市博物館
Bảo Tàng Thành Phố Hồ Chí Minh

宮殿のようなコロニアル建物が見事。ベトナム戦争や抗仏戦争に関する資料、民族衣装などを紹介しています。

[ドンコイ通り周辺] MAP P.179 C-3 8:00~17:00 無休 料4万VND 市民劇場から徒歩約8分 カード×

TOWM

午後出かけるなら

タオディエンかチョロンへ!

ホーチミンの街歩きのメインは中心部の1区ですが、時間がたっぷりある午後は、車で20~30分ほどで行けるほかのエリアを訪れてみるのもおすすめです。タオディエンは近年話題のおしゃれタウン、チョロンはホーチミン最大の中華街です。

タオディエン Thảo Điền

→P.46

チョロン Chợ Lớn

→P.50

Ho chi minh city

THE BEST TIME IN THE

Night

18:00 - 20:00

大通りは帰路に着く人々のバイクであふれ、テールランプの光の洪水のなか、クラクションの音が鳴り響く・・・ホーチミンの夜はにぎやかです。おしゃれしてちょっと贅沢な夜ごはん？ ナイトマーケットでローカルフード？ ディナータイムの選択肢は多彩です。

ミシュラン1つ星レストランのアンアン・サイゴン（→P.84）でモダンベトナミーズに舌鼓を

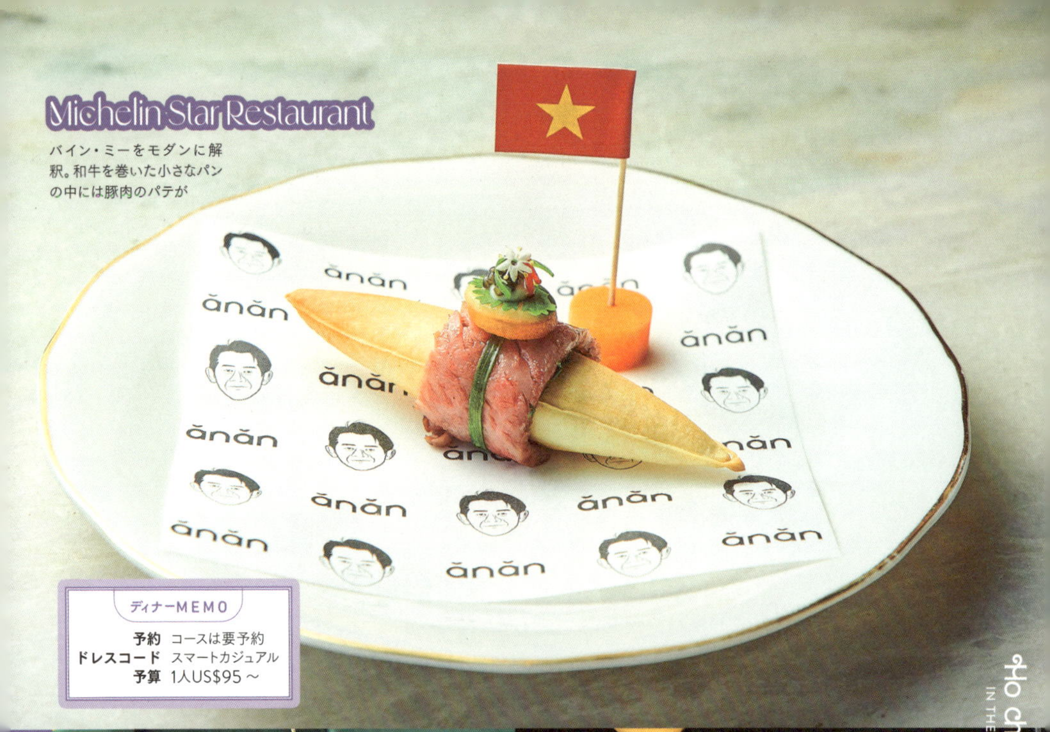

Michelin Star Restaurant

バイン・ミーをモダンに解釈。和牛を巻いた小さなパンの中には豚肉のパテが

ディナーMEMO

予約	コースは要予約
ドレスコード	スマートカジュアル
予算	1人US$95～

コースの料理はアラカルトでもオーダーできる

アラカルトの場合は上階のカジュアルなフロアで。ルーフトップテラスもある

Ănăn Saigon

アンアン・サイゴン

ホーチミンで今最も話題のお店

アメリカ系ベトナム人シェフが手掛けるラグジュアリー＆モダンなベトナム料理レストラン。コースのサイゴン・テイスティングメニューはUS $95（要予約）。

[ドンコイ通り周辺] MAP P.178 E-5 ☎なし（予約はhello@anan saigon.com） 🏠89 Tôn Thất Đạm, Q.1 ⏲17：00～22：00LO、木・土曜は～23：00LO（テイスティングコースは18：00～、20：30～の2部制、要予約） 🔓月曜 📍市民劇場から徒歩約10分 カード○ 英語

※1万VND≒約58円

★★★ アンアン・サイゴンがあるのはローカルなオールドマーケットの中。新旧の対比が面白いんです！

ホーチミン Best time!

ちょっとおしゃれして出かけたい♪

18:00 今、話題のレストランはココです。

ホーチミンの最新グルメをチェックしたーい！

新たなトレンドが次々と生まれるベトナムのグルメシーン。首都・ホーチミンには話題のレストランが続々と登場しています。アンアン・サイゴンは、2023年にホーチミンで初めてミシュラン1つ星を獲得した**モダンベトナミーズ・レストラン**です。レトロキッチュなベトナムカルチャーを取り入れたおしゃれな空間と、伝統料理をモダンにアレンジしたお皿の数々に、新鮮な驚きを覚えること間違いなしです。

日本人オーナーが手掛けるイタリア料理店ピザ・フォーピースは**ベトナム全土で流行中**。2023年には東京・麻布台ヒルズにもオープンし話題になりました。**タオディエンのベジタリアンレストラン**は、通なグルメたちの間で評判です。

Pizza 4P's Le Than Ton

ピザ・フォーピース レタントン

ベトナム発の絶品イタリアン

ホーチミンに10店舗以上展開する超人気店です。ブッラータチーズを丸ごと使ったピザやパスタなど、贅沢なイタリア料理を。

[1区北部]
MAP P.176 E-3 ☎ 1900-6043 🏠 8/15 Lê Thánh Tôn, Q.1 ⏲11:00～23:00 🔒無休 📍市民劇場から徒歩約15分 カード○ 英語

ディナーMEMO
予約 望ましい
ドレスコード カジュアル
予算 1人40万VND～

1 ブッラータチーズのサラダ12万9000VND～ 2 牛肉のコンフィ39万8000VND 3 パルマ産生ハムのマルゲリータ33万1000VND

ディナーMEMO
予約 望ましい
ドレスコード カジュアル
予算 1人40万VND～

きゅうりのサラダ25万VND
はベリーのドレッシングで

1 トンネルのような店の入り口 2 別荘みたいなくつろぎ感もいい！

Hum, Garden & Restaurant

フム・ガーデン&レストラン

野菜で体の不調を整える！

野菜、きのこ、フルーツを使ったベジタリアンのアジア料理は、どれも彩り豊か。デトックスウォーターなどドリンクにもこだわりが。

[タオディエン]
MAP P.180 F-2 ☎ 0899-189-229 🏠 32, Số 10, Thảo Điền ⏲10:00～22:00 🔒無休 📍市民劇場から車で約20分 カード○ 英語

ホーチミン Best time!

18:00 鬼リピ必至のベトナム料理レストランへ。

リピートしたい理由があるから！

空間も料理も最高なのに、肩ひじ張らず楽しめるベトナム料理店。ホーチミンを訪れる度に行きたくなる、お気に入りのお店がココ！

クラシックなリノベ空間と洗練されたベトナム料理の相性が最高すぎるから！

天井が高く、コロニアル建築ならではの洗練された空間

ディナーMEMO

予約 コースは要予約
ドレスコード スマートカジュアル
予算 1人75万VND～

バイン・セオ13万5000VNDなどのベトナム料理を提供

renovation 工場

Hoa Túc

ホア・トゥック

100年前のアヘン工場を利用

料理はバイン・セオや牛肉のワイルドペッパーリーフ包み焼き12万VNDなど、ベトナムの郷土料理を外国人の口に合うようアレンジされています。日本語メニューあり。

［ドンコイ通り周辺］MAP P.178 E-2 ☎028-3825-1676 🏠74 Hai Bà Trưng, Q.1 🕘11:00～22:00 🔒無休 📍市民劇場から徒歩約5分 カード○ 英語

創業約50年の老舗レストラン。路地に入った隠れ家の雰囲気

店の入り口にはテラス席も。ティータイムにおすすめ

※1万VND=約58円

★★★ ホア・トゥックでは料理教室（→P.28）も行っていて、シェフにベトナム料理を教わることができます。

豚とゆで卵の煮物Thịt Heo Kho Trứng8万5000VNDなどの家庭料理を提供

外から見た古いビルの外観とインテリアが可愛い店内のギャップがスゴイから。

オープンエアなので、夜景を眺めつつ食事ができる

Seacret Garden

renovation アパート

シークレット・ガーデン

ソンベ焼の器で供するベトナム料理

ローカルな雰囲気の路地にある、アパート内の隠れ家的な空間。メニューは味・値段ともに◎。

[ドンコイ通り周辺] MAP P.179 C-2 ☎090-990-4621 🏠158 Pasteur, Q.1 🕘11:00～22:00 🔓無休 📍市民劇場から徒歩約7分 カード○ 英語

ソフトシェルクラブのソテー Cua Lột Rang Muối Tỏiは25万VND。自家製揚げ豆腐Đậu Hủ Trứng Chiên Xả Ớtは10万VND

世界のセレブも訪れるプライベート空間が魅力だから。

Cục Gạch Quán

renovation 邸宅

クック・ガック・クアン

ひと足のばした邸宅レストラン

名だたるセレブたちに愛される有名店。フレンチヴィラを改装した店内は個室のような小さい部屋が多く、プライベートな空間。

[1区北部] MAP P.177 C-1 ☎028-3848-0144 🏠9-10 Đặng Tất, Q.1 🕘9:00～23:30 🔓無休 📍聖母マリア教会から車で約15分 カード○ 英語 ※要予約

店は通りを挟んで2棟ある

フランス文化の影響を受けたベトナムだから、フランス料理店もハイレベル！
空間も味も◎なレストランがコチラです。

L'ÉTOILE
レトワール

[1区北部] MAP P.177 C-2 ☎090-864-4969 🏠180 Bis Hai Bà Trưng, Q.1 ⏲10:00～14:00、16:00～21:30 🔓無休 📍聖母マリア教会から車で約7分 カード○ 英語

ディナーMEMO
予約 望ましい(ディナー)
ドレスコード なし
予算 1人60万VND～

ハイバーチュン通りの路地にあり、静かな立地が魅力

こぢんまりした可愛いビストロでディナー

ひっそりと路地に佇む老舗のフレンチビストロ。くつろげる雰囲気のなか、フランスで修業を積んだベトナム人シェフによる本格的な料理を味わえます。コース料理は5品で64万9000VNDとお手頃ながら、どれも手間ひまがかかっています。

Menu de Chef 64万9000VND

Dessert
デザートはキャラメルプリン。フルーツ添え

Plat
火入れが絶妙な牛ステーキ。エシャロットソース

Soupe
日替わりスープ。内容はその時により異なる

Entrée
さっぱりとしたエビのサラダは前菜に

※1万VND＝約58円

★★★ホーチミンのフランス料理レストランは、本格的でも値段はリーズナブルなのが魅力。

18:00

空間も魅力のご褒美ディナー♡

プチパリなフレンチ

6 7 8 9 10 11 12 13 14 15 16 17 18 19 20 21 22 23 0

TROIS GOURMANDS

トロワ・グルマン

[タオディエン] MAP P.180 E-1 ☎090-822-5884 🏠39 Trần Ngọc Diện
⏲11:30～16:00、17:00～22:00
🔓月曜 📍市民劇場から車で約20分
カード○ 英語 ※要予約

ディナーMEMO

予約	必要（ディナー）
ドレスコード	スマートカジュアル
予算	1人130万VND～

テラス席が美しい一軒家レストラン

タオディエンにあるプール付きの邸宅を利用したフレンチレストラン。クラシックな店内と、ランチタイムに人気の中庭席があります。5皿のセットメニュー199万VND～のほかアラカルトも。

Amuse

グループでも利用できるゆったりとした店内。ディナーの予約は必須

Menu Dégustation 5 Plats 199万VND

Dessert

ラズベリーのミルフィーユ。ソルベも付く

Fromages

約8種類から好きなものを選ぶ自家製チーズ

Plat

牛ほほ肉とフォアグラの贅沢なグリル

Entrée

グリルしたホタテにマッシュポテトを添えて

18:30 リバークルーズ体験レポート。
ホーチミン Best time! サイゴン川の夜景がサイコー！

料理は4種類のコースから選んで事前に予約

テーブルに着くと、生バンドの演奏が始まります

港に到着。クルーズ船とナイスな船員さんたちが待機しています

IT'S PERFECT VIEW OF NIGHT OF SAIGON RIVER

Ho chi minh IN THE NIGHT

※1万VND＝約58円　★★★ 街なかから夜景を楽しむなら、リバーサイドのエム・バー（→P.108）がおすすめです。

ちょっと大人なクルーズを楽しむなら「プリンセス号」

ホーチミン市内を流れるサイゴン川は、夜景を楽しめる**ナイトリバークルーズ**が人気です。クルーズを運航する船は多数ありますが、団体客が多かったり、大音量のショーが行われたりと、正直なところ大人女子やカップルにはちょっと嬉しくないイメージ。

そんなガヤガヤしがちなナイトクルーズ船のなかで、ダントツにおすすめなのが**サイゴン・プリンセス**です！

港に着くとカートが迎えに来てくれて、すぐに乗り場に到着。さっそく乗船してみると、船内は**高級レストランさながら**のクラシックなインテリアで、しっとり系のバンドの生演奏があるなどちょっとセレブなフンイキです。

船が港を離れると、**見た目も美しいコース料理**がタイミングよく、ひと皿ずつサーブされ、移り変わる窓の外の景色を眺めながらゆっくりとディナーを楽しめます。食後のコーヒーの後に船のデッキへ上がると、きらびやかな**ホーチミンの摩天楼**が目の前に！　港に戻るまでの3時間、非日常的な体験ができること間違いなしなのです。

船のデッキに出ると、ホーチミンの夜景が目の前に広がります

Saigon Princess

サイゴン・プリンセス

乗船場所［4区］MAP P.176 E-5 5 Nguyễn Tất Thành, Q.4 Saigon Port　18：00～21：00（所要約3時間）　料 85～165万VND　カード○　英語　市民劇場から車で約10分

予約方法　電話または公式サイト

☎ 088-890-1068

URL www.saigonprincess.com.vn

＼　港まで送迎付きのツアーも便利！　／

指定ホテルまたは旅行会社のオフィスから乗船場所までの送迎付きツアーなら、予約や移動の手間が省けます。TNK & APT TRAVEL JAPAN →P.36

ホーチミン　Best time!

19:00

夜な夜な盛り上がるナイトマーケット

夜のベンタイン市場に潜入してみた！

ベンタイン市場って??

→P.25

ホーチミン最大の市場。市場は夕方でクローズし、周辺でナイトマーケットが開かれる。

1

2

3

7

8

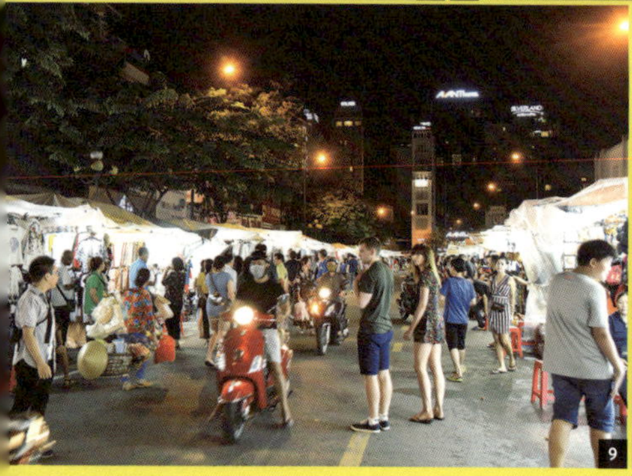
9

神出鬼没な露店が登場！夜限定のマーケットへ

ホーチミン最大の市場、ベンタイン市場は夕方18時頃に営業を終了。その後、市場の建物の両サイドの通りで始まるのが、**ベンタイン市場のナイトマーケット**です！

どこからともなく大きな屋台を引いたバイクが次々と現れ、あっという間に通りに店を広げて開店準備。ベトナム雑貨の露店やローカルフードの屋台、即席レストランまで出現します。19時頃になるとバックパックの旅行者が集まってきて、屋台で食べ歩きをしたり露店でおみやげを買ったり、ちょっとしたお祭りのような雰囲気に。露店をのぞいてみると、ベンタイン市場で売られているようなTシャツやサンダルなどがずらり。市場ほどの品ぞろえはないけど、扱っているものや値段も**ベンタイン市場とほとんど同じ**なので、ちょっと買い物したいときはちょうどいいかも。

※1万VND=約58円

★★★ 市場から南へ徒歩10分くらいのところにあるデタム通りもナイトスポット。バーやビアホイ（ビール居酒屋）でにぎわう。

6
7
8
9
10
11
12
13
14
15
16
17
18
19
20
21
22
23
0

⚠ ATTENCION!!

☑ **帰りはグラブが安心**
夜の街歩きは危ないので、グラブかタクシーで帰りましょう。

☑ **飲み物は缶入りがベター**
氷や水道水はお腹の調子が悪くなる可能性も！

☑ **トイレは使えない（かも）**
市場の建物のトイレを利用。使えないときは付近の店へ。

☑ **荷物に注意を**
混雑するところでは、スリや置き引きに警戒しましょう。

ベンタイン市場のナイトマーケット

Night Market at Chợ Bến Thành ⊳P.25

［ベンタイン市場周辺］MAP P.179 C-4 Lê Lợi, Q.1
19：00～24：00頃 無休 市民劇場から徒歩約10分

4

HILFIGER
5

6

即席でも
普通のレストラン
と同じサービス
10

即席レストラン
夜ごはん
11

フルーツや
スイーツの
屋台も多数！
12

今日の夜ごはんはここで、と即席レストランに入ってみると、冷えたビールにできたてのシーフード料理、ローカルグルメの定番バイン・セオなどなど、食堂と遜色ないメニューがそろっています。食事の後は**屋台スイーツで締めくくる**、なんてフルコースも実現できちゃいます。

週末は特に混雑し、スリ被害にあうこともあるというので、**荷物から目を離さない**ようにするのが吉。市場の中のトイレを使えるのですが、なぜかカギがかかっていて使えないなど(笑)、ベトナムならではのハプニングもあるかも!?

1 ホーチミンの街の中心部にあるベンタイン市場　**2** どこからともなく屋台が参上！ チェーなどスイーツの屋台もあります　**3** 露店ではベンタイン市場と同じようなおみやげを販売　**4** 屋外でも温かい料理を食べられる　**5** ベトナムらしいTシャツをおみやげに　**6** かごバッグは15万VND程度。値段は交渉次第　**7** **8** サンダルなどのファッションアイテムまで！　**9** 旅行者で夜遅くまでにぎわう　**10** 屋外ですが、サービスは普通のレストランとだいたい同じ　**11** 蒸したタイガープロウンは15万VND。レストランのメニュー　**12** 屋台グルメはテイクアウトも可能。ホテルに持ち帰って食べても。ナイトマーケットは深夜23～24時頃に店じまい

ホーチミン Best time!

20:00

ホーチミンでブーム到来！

ベトナムだってクラフトビールが旬なんです！

今、話題沸騰中！なベトナム的ビール酒場へ

ベトナムでローカルビールと言えば「ビアホイ」。路上の屋台やローカルな大衆酒場で飲める、世界一安い（一杯30円くらい）と言われる生ビールのことです。ビアホイは労働者向けのお酒とも言われ、ビアホイ酒場はかなりローカル色が強いので、旅行者にはハードルが高いのが事実です。

そんななか、密かに最近ビールラバーたちの注目を集めているのが**クラフトビール**！ここ数年、ホーチミンでは、クラフトビールのブルワリー（醸造所）が増えていて、**こだわりビールをそろえるバー**が急増中。最旬ビール酒場で、味や香りもスペシャルなクラフトビールを飲み比べてみては？

East West Brewing Company

イースト・ウエスト・ブリューイング・カンパニー

ブルワリー直営のビアホールでカンパイ！

アメリカ人のビール職人が手がける10種以上のオリジナルのビールを味わえるビアホール。店の奥には醸造所も併設しています。

［ベンタイン市場周辺］MAP P.179 B-4 ☎091-306-0728 181-185 Lý Tự Trọng, Q.1 11:00～24:00 無休 ベンタイン市場から徒歩約6分 カード○ 英語

1 2 ビール樽が並ぶ店内。2フロアある 3 10種のテイスティングメニュー、キングズ・フライト46万5000VND。春巻きの盛り合わせは13万5000VND

※1万VND＝約58円

★★★ パスター・ストリート・ブリューイング・カンパニーはタオディエンにも支店があります。

1 ビールサーバーもオシャレ **2** クラフトビールは7万VND程度 **3** カウンター席かテーブル席を選べる

Rehab Station

リハブ・ステーション

ビールの品ぞろえはホーチミン随一

ホーチミンやハノイで造られるクラフトビール14種を含む、85種類の国内外のビールを楽しめ、ランチタイムも営業。

[1区北部] MAP P.176 E-1 ☎091-388-6839 🏠27/6 Nguyễn Bỉnh Khiêm, Q.1 🕘11:00～翌1:00 🔓無休 📍聖母マリア教会から車で約8分 カード○ 英語

1 好きなビールを6種類選べるサンプリング・フライトは28万5000VND **2** パスター通りの細い路地の先にある。ビールの壁画が目印 **3** カウンター席のある2階のほか、ルーフトップ席もある

Pasteur Street Brewing Company

パスター・ストリート・ブリューイング・カンパニー

クラフトビールブームの先駆け

自社製造のビールをそろえるタップルーム。ブームの先駆け的な存在で、夜はすぐに満席に。予約も可能。

[ドンコイ通り周辺] MAP P.178 D-3 ☎028-7300-7375 🏠144/3 Pasteur, Q.1 🕘11:00～23:30 🔓無休 📍市民劇場から徒歩約6分 カード○ 英語

ゴウカな海鮮料理を
お手頃価格で食べ尽くし!

Ăn Cơm Chưa?《アン コム チュア?（ご飯食べた?）》

絶品シーフード

Gỏi Cá Ngọc Sương
ゴイ・カー・ゴック・スーン
21万5000VND

ゴイ・カーは必ず注文してほしい店の看板メニュー。2〜3人分くらい。特製のタレがクセになる!

Gèi Cā《ゴイ・カー》

お酢で締めた魚をたっぷりのハーブや野菜とともにライスペーパーで巻いていただきます。

Thuという白身魚(たぶんサワラ)

Tôm Càng Đút Lò Thermidor
トム・カン・ドゥット・ロー・テルミドール
104万VND／kg（時価）

マヨネーズとタマネギをのせた、香ばしい手長エビのオーブン焼き

Ngọc Sương
ゴック・スーン

創業60年の老舗シーフード店

中心部からひと足のばした場所にあり、新鮮な魚介をベトナムならではの料理方法で味わえます。店内のいけすの魚は時価で、仕入れにより値段が異なります。

[フーニュアン区] MAP P.177 B-1 ☎ 090-988-6058 🏠 11 Nguyễn Văn Trỗi, P.12 ⏲ 10:00〜22:00 🔒無休 📍 聖母マリア教会から車で約15分 カード○ 英語

Tōm Sú Háp《トム・スー・ハップ》

ココナッツジュースで蒸したエビ。ココナッツの殻を皿代わりに供するのが定番スタイル。

ちょっと遠いけど行く価値アリ!

Tôm Sú Hấp Trái Dừa
トム・スー・ハップ・チャイ・ユア
82万VND／kg

エビの旨みをシンプルに味わえる蒸し料理。ほんのりとココナッツの香りが

タマリンドを使った“ニョニャソース”がウマーッ

Cá Diêu Hồng Chiên Giòn《カー・ジウ・ホン・チェン・ゴン》
38万VND（時価）

レッドティラピアという白身魚の素揚げ

Jumbo Seafood

ジャンボ・シーフード

巨大なチリクラブが名物

シンガポール発の高級レストラン。身の詰まった大きなカニをピリ辛ソースでいただく「チリクラブ」が名物。ほかにもエスニックな味付けの魚介料理がそろいます。

[ドンコイ通り周辺] MAP P.178 F-4 ☎ 028-3823-9796 🏠 2-4-6 Đồng Khởi, Q.1 ⏲ 11:00～14:00、17:00～22:00 🔓 無休 📍市民劇場から徒歩約6分 カード○ 英語

(クア・ソット・オット)

Cua Sốt Ớt

シンガポールの名物料理。爪が大きく味が濃いマッドクラブをチリソースで炒めた贅沢な料理。カニミソも濃厚。

Cua Sốt Ớt《クア・ソット・オット》
149万9000VND／kg
（時価）

看板メニューのチリクラブは時価

(コム・チン・クア)

Cơm Chiên Cua

カニの身がたっぷり入ったチャーハン。醤油を使い、味付けは中国料理のチャーハンに近く食べやすい。

94 Thúy

94 トゥイ

手頃な値段でカニを満喫できる店

店の前のいけすに生きたカニがどっさり並んでいます。姿蒸しやタマリンドソース炒めなどのカニ料理が評判ですが、エビやアサリなどひと通りの魚介料理がそろっています。

[1区北部] MAP P.176 D-1 ☎ 028-3910-1062 🏠 84 Đinh Tiên Hoàng, Q.1 ⏲ 10:00～21:00 🔓 無休 📍 聖母マリア教会から車で約8分 カード○ 英語

Càng Cua Hấp《カン・クア・ハップ》
100万VND／kg

食べ応えある大きなカニ爪を蒸してライム塩でシンプルに

プリプリのカニ爪

エッ、コスパ高ッ

Cơm Chiên Cua《コム・チン・クア》
21万VND

カニチャーハン。好みによりチリソースを加えて食べても◎

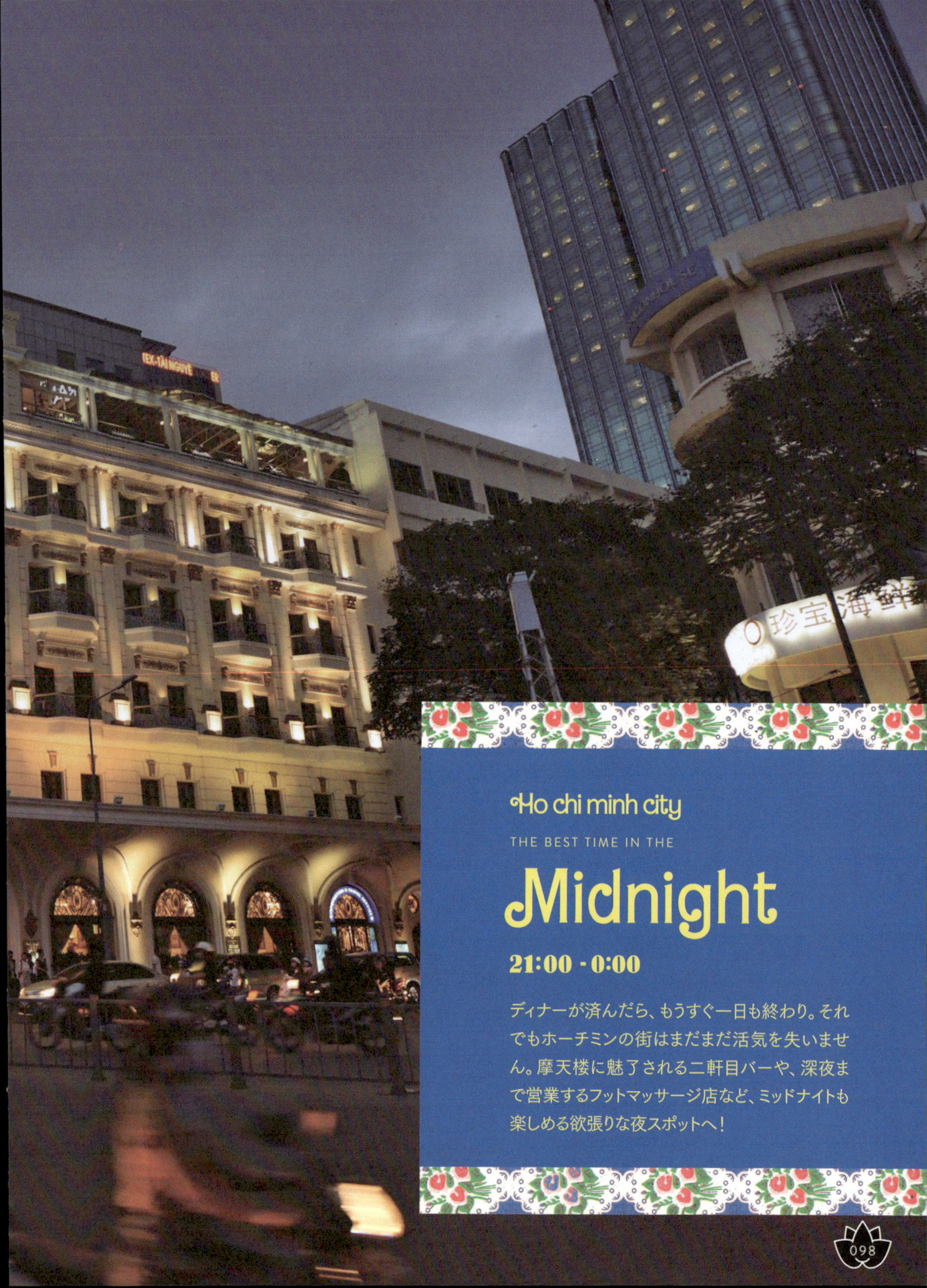

Ho chi minh city

THE BEST TIME IN THE

Midnight

21:00 - 0:00

ディナーが済んだら、もうすぐ一日も終わり。それでもホーチミンの街はまだまだ活気を失いません。摩天楼に魅了される二軒目バーや、深夜まで営業するフットマッサージ店など、ミッドナイトも楽しめる欲張りな夜スポットへ！

コロニアルホテルのホテル・マジェスティック・サイゴン（→P.102、110）は夜のライトアップも美しい

ホーチミン Best time!

21:00 とにかく安いからリピート×毎日!? U3000円の駆け込みフットマッサージ。

コスパ高めな街なかマッサージ店へ！

ホーチミンの街なかには、深夜まで営業するスパが多数！短時間の足マッサージなら、予約なしでもふらっと立ち寄れて、値段は30分なら日本円でおよそ1000〜2500円くらいとコスパは最高！

リーズナブルなフットマッサージの店が多く集まっているのは、ドンコイ通り周辺やレタントン通り周辺です。一日の終わりにフットマッサージで癒されてみては？

洋服店の奥にあるエレベーターが入り口

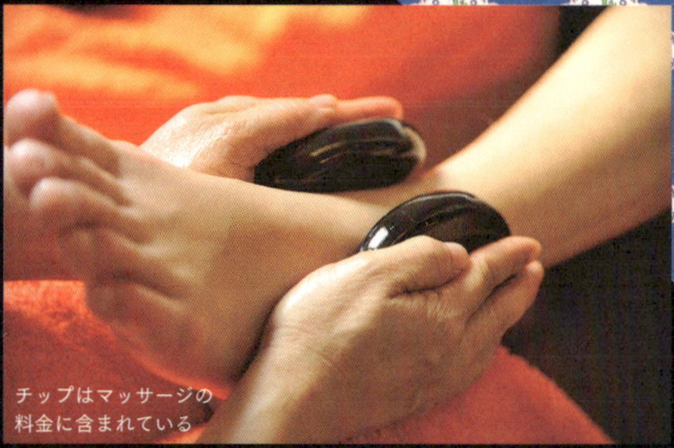

チップはマッサージの料金に含まれている

日本語OK　オシャレな空間

Yuri Spa

ユリ・スパ

4フロアあるオシャレスパ

足マッサージ以外のメニューも豊富なカジュアル店。足湯やホットストーンで体がポカポカと温まります。

[ドンコイ通り周辺] MAP P.178 E-3 ☎028-3823-2884、090-878-6699 🏠18 Mac Thị Bưởi, Q.1 ⏲9:00〜22:00(最終受付22:00) 🔒無休 📍市民劇場から徒歩約5分 カード○ 英語 日本語

施術はフットマッサージ専用の部屋で

> MENU
> **Foot Massage with Hot Stone**
> フットマッサージ・ウィズ・ホットストーン
> 70分　50万VND
> ハーブの足湯、オイルマッサージ、ホットストーンマッサージ付き。

日本語OK　オシャレな空間

Golden Lotus Traditional Foot Massage Club

ゴールデン・ロータス・トラディショナル・フットマッサージ・クラブ

ホイアン風のエスニックな店

フットとボディのクイックメニューが人気。月〜土曜の10〜13時は60分、90分のコースが20%オフになります。

[ドンコイ通り周辺] MAP P.178 E-1 ☎028-3822-1515 🏠15 Thái Văn Lung, Q.1 ⏲9:00〜23:00(最終受付21:30) 🔒無休 📍市民劇場から徒歩約5分 カード○ 英語

> MENU
> **Foot Massage**
> フットマッサージ
> 30分　21万VND
> 30分のクイックメニューが人気。

上：足マッサージ専用の部屋
下：蓮茶とお菓子はサービス

※1万VND=約58円

★★★ 足マッサージのチップの相場はだいたい5万VND程度。料金にチップが含まれている店もあります。

とにかく安い！

Temple Leaf Spa & Sauna

テンプルリーフ・スパ＆サウナ

サウナ＆浴場を完備するスパ

カジュアルスパでは珍しいサウナや浴場があります。電話予約は日本語OKで、日本語メニューもあり。

[ドンコイ通り周辺] MAP P.178 E-1
☎028-2220-0507 32 Thái Văn Lung,Q.1 10:00～23:30
無休 市民劇場から徒歩約7分
カード× 英語

MENU
Temple Foot Massage
テンプル・フットマッサージ
90分 48万VND
シグネチャーメニューでじっくり癒されます。

アオザイ姿のスタッフがお出迎え

部屋数が多いので待ち時間が少ない

オシャレな空間

Spa Gallery

スパ・ギャラリー

タイル張りの可愛いインテリア

レセプションやバスルームはタイル張り。フットマッサージは30分、60分、90分、120分コースがあります。

[ドンコイ通り周辺] MAP P.178 E-1
☎028-6656-9571 15B Thi Sách, Q.1 10:00～23:30
無休 市民劇場から徒歩約5分
カード× 英語

MENU
Foot Massage
フットマッサージ
60分 35万VND
1時間でこのお値段はかなりお得。

土・日曜の午後は最も混雑する

ボディやフェイシャルのメニューもある

とにかく安い！

New Royal Foot Massage

ニュー・ロイヤル・フットマッサージ

激安な台湾式マッサージ

ローカルな雰囲気漂う激安店。フットマッサージのほかタイマッサージ60分 40万VNDなどのボディマッサージも。

[ドンコイ通り周辺] MAP P.178 E-3
☎03-9952-4250 34 Mạc Thị Bưởi, Q.1 10:00～24:00
無休 市民劇場から徒歩約4分
カード○ 英語

MENU
Foot Massage
フットマッサージ
45分 25万VND
70分、90分、100分コースもあり。

さくっと立ち寄りやすい立地が魅力

暗めの照明が落ち着くマッサージルーム

ホーチミン Best time!

21:00

眠らない街・ホーチミンの夜さんぽは

コロニアル建築のライトアップがおすすめです。

ホテルまでの帰り道が幻想的なさんぽ道に

ディナーを終えて外に出ると、もうすっかり暗くなった夜の街に浮かび上がるのが、フランス統治時代に建設された**コロニアル様式の建物。ドンコイ通り周辺**は聖母マリア教会に中央郵便局、市民劇場、ホテル・マジェスティックなどのコロニアル建築が集まっています。

ホテル・マジェスティック・サイゴン

Hotel Majestic Saigon

夜闇に浮かぶコロニアルホテル

街のシンボル的存在のマジェスティックもライトアップ。ホテル内のエム・バーは夜景バーとして人気です。

[ドンコイ通り周辺] MAP P.178 F-4

➜P.23、110

※1万VND＝約58円

★★★ 建物のライトアップは22～23時頃まで。ホーチミン人民委員会庁舎は朝まで。

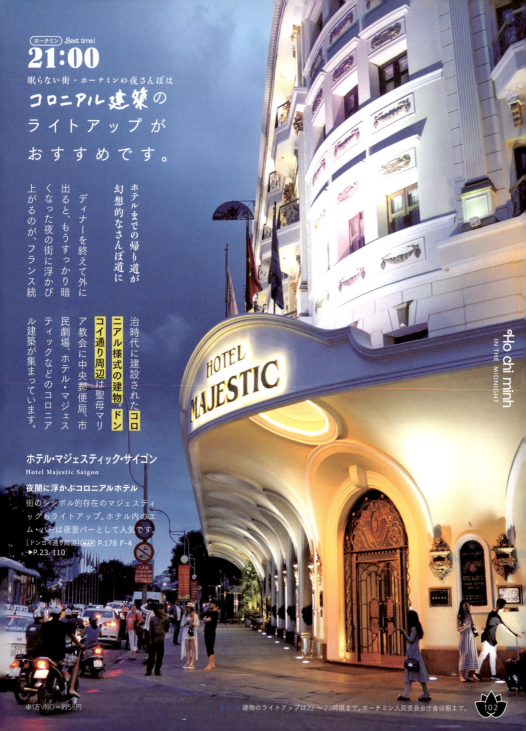

人民委員会庁舎前のレタントン通りは夜、バイクでいっぱいに

ホーチミン市人民委員会庁舎

Trụ Sở Ủy Ban Nhân Dân Thành Phố Hồ Chí Minh

ベトナム国旗が夜空にはためく

人民委員会庁舎からまっすぐにのびるグエンフエ通りは夜、デートスポットになり多くの人でにぎわいます。

[ドンコイ通り周辺] MAP P.178 D-2

→P.23

向かって左手にあるホテル、コンチネンタル・サイゴンもコロニアル様式

市民劇場

Nhà Hát Lớn Thành Phố

現在も公演が行われる音楽ホール

ライトアップされた市民劇場は、外観の彫刻が美しく浮かび上がり、荘厳な雰囲気に。

[ドンコイ通り周辺] MAP P.178 E-2

→P.23

ホーチミン Best time!

21:00 一日の終わりに大量ゲット！ プチみやげは地元スーパーでそろえるのがベスト。

Ho chi minh IN THE MIDNIGHT

スーパーみやげは一日の最後に買いこむ！

地元系スーパーは、ベトナムにしかない**お菓子や食材みやげの宝庫**！ しかも、普段地元の人が利用するお店なので、**値段も超お手頃**。まとめ買いに最適です。

スーパーは**22時頃まで営業するところが多い**ので、一日の最後にまとめ買いすれば、あとはホテルへ帰るだけ。空いている時間帯なので商品が選びやすいというメリットも。

FOODS

Ⓐ インスタントフォー
9200VND
牛肉のフォーの麺・スープ・調味料がセット

Ⓐ えびせん
1万900VND
揚げるとふんわりふくらむのが楽しい！

Ⓑ サテ・トム
9000VND
エスニックな香りがクセになるエビのラー油

Ⓑ ムオイ・ハオハオ
1万5800VND
人気メーカーのエビ風味のスパイス塩

Ⓑ はちみつウコン
3万3900VND
はちみつ＆ウコン配合のタブレット。健康によさそう

Ⓑ Coop Mart
コープ・マート

ローカルなグルメみやげをお安くゲット

大通りに面するホーチミン指折りの巨大スーパー。1階に食料品や生活雑貨売り場、2階には食堂と衣料品売り場があり、まるでデパート!? PB商品もアリ。

[ファングーラオ通り周辺] MAP P.177 B-5 ☎028-3832-5239 🏠189C Cống Quỳnh, Q.1 ⏰8:00～22:00 🔓無休 📍ベンタイン市場から車で約5分 カード○

Ⓐ Winmart
ウィンマート

ショッピングセンターの地下にある

圧倒的な店舗数を誇るローカルスーパーで、ヴィンコム・センター（➡P.80）の地下に広大な空間が広がっています。宝探し気分で楽しめます♪

[ドンコイ通り周辺] MAP P.178 D-2 ☎なし 🏠72 Lê Thánh Tôn, 45A Lý Tự Trọng, Q.1 ヴィンコム・センター B3F ⏰8:30～22:00 🔓無休 📍市民劇場から徒歩約3分 カード○ 英語

※1万VND=約58円

★★★ ウィンマートはスーパーのほかにWinmart+というコンビニもあり、同じような商品を買えます。

Ⓐ ドライパパイヤ
10万500VND
マンゴーなどほかのフレーバーもお手頃

Ⓑ カシューナッツ
29万3000VND
大粒の殻付きカシューナッツ。香りが◎

SNACKS

Ⓑ ベトナム風雷おこし
3万3700VND
アーモンドや玄米を水あめで絡めた雷おこしのようなお菓子、ガオ・ルット

Ⓐ ドライバナナ
2万2300VND
スライスした乾燥バナナはスナック感覚で

Ⓑ ココナッツキャンディ
4万1700VND
キャラメルみたいなソフトキャンディ

Ⓐ 333 (バーバーバー)
1万2800VND
ベトナムの大手メーカー、サイゴン・ブリュワリーが作る定番ビール

Ⓑ フーダ・ビア
1万2300VND
ベトナム中部の街、フエの地ビール。キレのあるさっぱりとした味わいが魅力

Ⓑ ビア・サイゴン・ラガー
1万2000VND
333と並ぶ人気銘柄。スペシャルやチルなどいろいろな種類があるけど、ラガーが定番

DRINKS

Ⓑ 蓮茶
1万9500VND
ベトナムの国花・蓮で香り付けしたお茶。ティーバッグタイプ

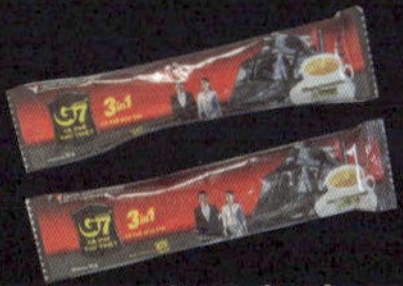

Ⓑ インスタントコーヒー
6万300VND
お湯で溶かすだけの顆粒タイプのコーヒー。砂糖＆ミルク入り

ホーチミン Best time!

22:00

ホーチミンの摩天楼ビューから隠れ家スポットまで!

ロケーションが魅力の二軒目バーで締めくくる。

Social Club Restaurant & Rooftop Bar

Roof top

ソーシャル・クラブ・レストラン&ルーフトップ・バー

ホテル最上階の夜景バー

ホーチミンで一番高い場所にあるルーフトップバーとして人気。20～24時はDJタイムで盛り上がります。

[3区] MAP P.176 D-3 028-3989-8888 76-78 Nguyễn Thị Minh Khai, Q.3 ホテル・デザール・サイゴンMギャラリー・コレクション内 15:00～24:00 無休 聖母マリア教会から徒歩約10分 カード○ 英語

1 ジンとクランベリージュースのレッド・パッションなどカクテルは見た目も華やか 2 ホーチミンの夜景を一望に。1フロア下の屋内席では食事もできる 3 屋上の席は夕暮れ時もおすすめ

1 インテリアもステキ 2 可愛いオリジナルカクテルも

カウンターやソファ席のある店内のほか、眺めのよいテラス席も

Shri

Cook tail

シュリ

おしゃれなデザイナーズバー

クリエイターのイギリス人オーナーがプロデュースする店。スペイン人シェフによるタパスも自慢です。

[3区] MAP P.176 D-3 1900-292977
72-74 Nguyễn Thị Minh Khai, Q.3 センテック・タワー内 17:00～23:30
無休 聖母マリア教会から徒歩約10分
カード○ 英語

※1万VND＝約58円

★★★ ホーチミンで最も高いビル、ビテクスコ・フィナンシャル・タワー（MAP P.178 E-5）の50階にもバーがあります。

眠らない街、ホーチミンのバーは選択肢が多彩

中心部に泊まるなら、ホーチミンの**夜をとことん楽しんでみたい！**　そんな希望を叶えるのが、非日常感を味わえるロケーション抜群の飲みスポット。

高層ビルが林立する中心部には、ビルのルーフトップにあるムーディなバーが多数。重低音が響くクラブのノリもいいけど、一日を締めくくる二軒目バーはちょっと**落ち着いて楽しみたい…**そんなときにおすすめしたいのがこの3軒です。**最高の夜景**を望むホテルの最上階や**隠れ家**のような大人の空間など、魅惑のバーへトリップしてみませんか？

隠れ家

Snuffbox Lounge

スナフボックス・ラウンジ　→P.44

ノスタルジックな空間が魅力

古いアパート内にあり、ジャスが流れる隠れ家的な店。シグネチャーカクテルとウィスキーは種類が豊富。

[1区南部] MAP P.176 E-5　☎090-233-8559　🏠14 Tôn Thất Đạm, Q.1　🕒18:00～翌1:00　🔒無休　📍市民劇場から車で約5分　カード○　英語

1 くつろげるソファ席もある 2 アパート入り口は分かりづらい。店は2階にある 3 ジンとライム入りカクテルのゴールデン・ウーマン、液体窒素でスモークしたウィスキーベースのアフターライフなどシグネチャーカクテルは27万VND

何して過ごす？
深夜のロカナビ。

LOCAL NAVI in the Midnight

遅い時間だからこそできること、気を付けたいことを把握して、ホーチミンの夜を楽しみましょう。

BEST OF NIGHT SPOT

夜が楽しい 人気スポットBEST6

夜景スポットや夜こそにぎわうエリアなど、
アジアらしい雰囲気の夜更かしスポットへ！

1 夜景が"至上"な絶景バー

高層ビルが林立するホーチミンだからこそ楽しめる雰囲気バツグンのバーは、一度は体験してみたい若者に人気の夜スポットです。ソーシャル・クラブ・レストラン＆ルーフトップ・バーやシュリ（→P.106）もおすすめです。

M Bar
エム・バー

ホテル・マジェスティック内にあるルーフトップ・バーはサイゴン川を望むデートスポット。

[ドンコイ通り周辺] MAP P.178 F-4 ☎028-3829-5517 🏠 1 Đồng Khởi, Q.1（ホテル・マジェスティック・サイゴン内） 🕘 15:00～24:00 🔒無休 📍 市民劇場から徒歩約6分 カード ○ 英語

2 ライトアップが幻想的なコロニアル建築

フランス統治時代の建物が幻想的にライトアップ。日没から22～23時頃までのところが多いです。

→P.102

3 夜飲みスポット多数なファングーラオ通り周辺

バックパッカー街のファングーラオ通り、ブイヴィエン通り、デタム通りなどには、バーやベトナム版ビアホールなどがあり、夜遅くまでにぎわいます。

4 デートスポットなグエンフエ通り

ホーチミン市人民委員会庁舎の正面にのびるグエンフエ通りは広場のようになっています。夜は広場の噴水もライトアップされてロマンチックな雰囲気になります。

5 屋台グルメ好きならナイトマーケット

ベンタイン市場では毎日夕方からナイトマーケットが開かれます。ローカルフードの屋台もたくさん出るので、軽めの夜ごはんがてら楽しんでみては？

→P.92

6 ドンコイ通り周辺でお買い物

ドンコイ通り周辺は遅くまで営業する店も多く、ディナー後のショッピングもOK。

⚠ CAUTION!

▶ 注意が必要なエリアはココ！

ベンタイン市場の西側にあるファングーラオ通り、ブイビエン通り、デタム通り、中華街のチョロンは特に注意。

▶ 街なかで気を付けるべきコト

夜はひと気のない道に入らない、バッグは通り側ではなく壁側に持つ、グラブやタクシーを使うなどの対策を。

LOCAL BEER

コンビニでも買える ベトナムビールをマスター

ベトナム産のローカルビールはコンビニやスーパーでも購入できます。お気に入りの銘柄を探してみて。

333
（バーバーバー）

Bia Saigon
（ビア・サイゴン）

LARUE
（ラルー）

TAKE A TAXI

最も安心なタクシーは "Mai Linh"と"Vina Sun"

トラブルが少ないと言われているタクシー会社は「マイリン」と「ヴィナサン」。このタクシーに似せたニセモノも走っているので注意。

SHOPPING AT NIGHT

夜遅くまで営業する店が何かと便利な件

ホーチミンの街なかには、
深夜営業・24時間営業の店が多数アリ。

▶コンビニ

早朝から深夜までの店と、24時間の店があります。

▶スーパー

地元の人も利用し、22時頃まで営業する店が多いです。

▶チェーンの飲食店

「フォー 24」などファミレス的に使える店も多いです。

▶フット・マッサージ

22～23時頃まで営業。受付終了時間は通常30分前まで。

LONG STAY SPA

深夜便帰国なら ロングステイスパで ギリギリまで癒されるべし

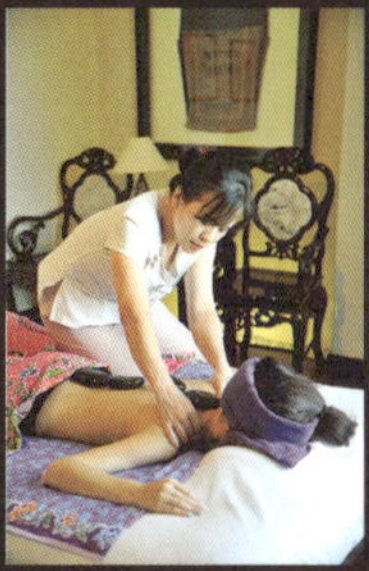

深夜便で帰国する場合に◎。ホテルをチェックアウトして、4～5時間のんびりできるスパのパッケージなら、出発前にお風呂にも入れます。➜P.62、64

NATURE TOUR

自然を満喫するならミトーのホタル観賞ツアーがGOOD

自然豊かなミトーのメコン川流域ではたくさんのホタルが見られます。午後から出発してホタル観賞、ディナーをしてからホーチミンへ戻るツアーがあります。➜P.36、90

MAKE A RESERVATION

レストランは予約が必要？

18～19時が最も混雑。電話での予約が安心です。
ホテルのフロントで電話予約してもらうことも可能。

HOTEL TOPICS

デザインホテルなら ザ・ミスト・ドンコイが素敵！

ドンコイ通りからすぐの便利な場所にあるおしゃれな5つ星ホテル。バルコニーにバスタブがあったり、毎日無料のハイティーが付いていたりとサービスが◎。

The Myst Dong Khoi
ザ・ミスト・ドンコイ

［ドンコイ通り周辺］MAP P.178 F-3
☎028-3520-3040 6-8-10 Hồ Huấn Nghiệp, Q.1 IN 15:00 OUT 12:00 室108 料1泊1室335万6000 VND～ 市民劇場から徒歩約5分 カード○ 英語

THE HOTEL *guide*
HO CHI MINH

私のおすすめのホーチミンホテルガイド

1 Favorite scene

90年の歴史を物語るクラシックなインテリア

木造の螺旋階段に窓のステンドグラス、天井にゆれるシャンデリアなど、創業当時の面影を残す重厚なデザインがステキ。

2 Favorite scene

寝心地のよさ200%なベッド

お気に入りは、体にぴったりと寄り添うフカフカのベッド。ふんわりと軽い羽毛布団とサラサラのリネンが旅の疲れを癒してくれます。

3 Favorite scene

サイゴン川を望む素敵なバー

夜はサイゴン川を見下ろす「エム・バー」(→P.108)へ。冷たいスパークリングワインとともに夜景を楽しみます。

コロニアル建築を代表するベトナム初の5つ星ホテル

ホーチミンがかつて南ベトナムの首都であり、サイゴンと呼ばれていた頃。フランス統治下の1925年にホテル・マジェスティックは創業しました。

建物や客室のインテリアは、創業当時からのコロニアルスタイル。格調高い家具調度を配したクラシカルな客室に加え、中庭のプールやルーフトップバーなどのファシリティ、きめ細かなサービス…。文句なしの5つ星ホテルでありながら、かしこまった感じが全くなく、心おきなくくつろげるのが、このホテルの魅力です。

Hotel Majestic Saigon

ホテル・マジェスティック・サイゴン→P.23、102

[ドンコイ通り周辺] MAP P.178 F-4 ☎ 028-3829-5517 1 Đồng Khởi, Q.1 IN 14:00 OUT 12:00 室 175 料 291万3000VND~ タンソンニャット空港から車で約25分、市民劇場から徒歩約6分 カード ○ 英語

Reccommend HOTEL_01 私の好きなマジェスティック。

Hotel Majestic Saigon

4 Favorite scene

時間を忘れてくつろげるロビー

通りを眺められる窓辺のソファが私の特等席。人の少ない時間帯は、キビキビと働くスタッフの足音だけが心地よく響きます。

Reccomend HOTEL_02 常宿にしたい隠れ家ホテル。

Mia Saigon Luxury Boutique Hotel

1 Favorite scene

どこを撮っても美しい コロニアル調のインテリア

仏領時代を思わせる白亜の洋館がとにかく素敵！ ラウンジは、グエン朝時代の美術品や陶磁器などアンティークの工芸品に囲まれています。

ラウンジの奥にはバーもある

2 Favorite scene

広々としたバルコニーを備えたリバービューのゲストルーム

客室はルビーやサファイヤなど宝石をイメージしたカラーでまとめられています。どの部屋にもサイゴン川を望む広いバルコニーが！

3 Favorite scene

リバーサイドのアウトドアプール

穏やかなサイゴン川を目の前に望むプールが特等席。エントランスからプールまでが一直線につながっていて、開放的です。サンセットタイムは特に絶景！

4 Favorite scene

ホテルシェフによる絶品朝食で一日をスタート

豪華なビュッフェのほかにアラカルトもオーダー可能です。特にペイストリーシェフによるパンや焼菓子が秀逸で、朝から幸せ！

Mia Saigon Luxury Boutique Hotel

ミア・サイゴン・ラグジュアリー・ブティック・ホテル

[タオディエン] MAP P.180 F-2 ☎ 028-628-74222 🏠 2-4, Đường 10, An Phú IN 15:00 OUT 12:00 客 52 料 SNSを確認 📍 タンソンニャット国際空港から車で約30分、市民劇場から車で約20分 カード ○ 英語

隠れ家のように過ごすブティックホテル

「ミア・サイゴン」は、ホーチミン中心部からひと足のばしたサイゴン川のほとりにあります。魅力はなんと言っても空間の美しさ。フランス植民地時代のノスタルジーとラグジュアリーを融合させたデザインが特徴で、ベトナムの古い雑誌や切手など、フロアごとに異なるアートが飾られています。街なかの喧騒から離れた静かなロケーションも、お気に入りポイントのひとつ。ルーフトップにはサイゴン川の雄大なパノラマを一望するバーがあり、ガラス張りの店内や屋外のテラス席で夕暮れ時を過ごすのが最高です。おこもりステイしたくなる、文句なしの贅沢ホテルです。

Reccommend HOTEL_03 楽園な一日を約束するフーコック島の憩い宿。

La Veranda Resort Phu Quoc

1 Favorite scene

誰にも邪魔されない
プールサイドのひと時

鬱蒼とした熱帯植物に囲まれた、ひっそりとしたガーデンプールがお気に入り。プールの向こうにはビーチが見えて、日没どきはロマンチックに。

2 Favorite scene

コロニアルスタイルの
ゲストルーム

フレンチコロニアル様式の客室は、天蓋付きのベッドやバルコニーが設えられ、まるで南欧リゾートのよう。

ホーチミンから1時間のフーコック島でバカンス

ベトナム最大の離島、フーコック島は、美しいビーチにのどかな漁村など、素顔のベトナムが垣間見られる素朴なアイランドリゾート。

ラ・ヴェランダ・リゾートは、熱帯植物がのびのびと葉を広げる広大なトロピカルガーデンに、コロニアルスタイルの客室棟が点在。プライベートな空間を約束するヴィラや、バルコニーや浴室からも海を望むオーシャンビュールームなど、ロケーションや設えの異なる70の客室が用意されています。

昼間はプールサイドやビーチ、スパ、ヨガクラスなどでのんびり過ごし、夜はサンセットディナー。徹底的に癒される“おこもりリゾート”です。

3 Favorite scene
ランチに最適なカジュアルベトナミーズ

レストラン「Le Jardin」はバイン・ミーなどのローカルフードも洗練された味わい。オープンエアのテラス席で遠く海を眺めながら。

4 Favorite scene
夕日に染まるディナータイム

「The Peppertree」は本格的なフランス料理とベトナム料理のレストラン。フーコック島やベトナムの素材を楽しんで。

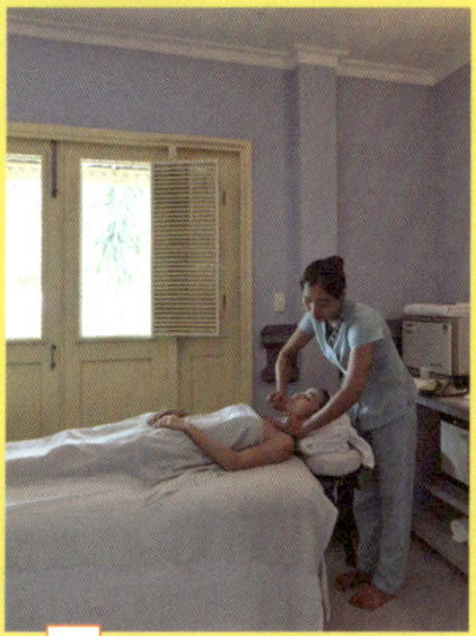

5 Favorite scene
身も心も委ねられるホテルスパ

スパ棟は、まるで隠れ家ヴィラのよう。専門セラピストによるボディトリートメントを受けられます。

6 Favorite scene
ガーデンに囲まれたテラス席が特等席

レストラン棟の1階「Le Bar」は、カフェ使いもランチもできるテラス席になっています。

＼ホーチミンから飛行機で約1時間／

La Veranda Resort Phu Quoc

ラ・ヴェランダ・リゾート・フーコック

［フーコック島］MAP P.120 ☎0297-3982-988 Trần Hưng Đạo, P.7, Dương Đông Town IN 14：00 OUT 12：00 室74 料195万7000VND～ フーコック空港から車で約12分 カード○ 英語

1

深緑の歴史スポットから、カラフルすぎる寺院のある街へ

Cu Chi & Tay Ninh
クチ&タイニン

このツアーに参加しました!

TNK&APT TRAVEL JAPAN ▷P.36

クチトンネル&カオダイ教1日ツアー

出発時間	7:30～8:00
帰着時間	16:00
料　　金	1人US$122～ ※プライベートツアー
含まれるもの	現地移動費、日本語ガイド、クチトンネル入場料、昼食

ツアー所要時間　約8時間

ツアー日数　日帰り

ACCESS

クチ	ホーチミンから 約56km、約1時間30分
タイニン	ホーチミンから 約100km、約3時間

ホーチミンから日帰りで2つのベトナムカルチャーの街へ

タイニン省は、カンボジアと国境を接するベトナム北西部にあります。のどかな街に突如現れるのが、パステルカラーのカオダイ教の礼拝堂です。ここタイニンは、仏教やキリスト教、イスラム教など5つの宗教を規範としたベトナム独特の「カオダイ教」の総本山。子どもからお年寄りまで集まり、静かに祈りを捧げる様は神秘的で、異国情緒満点。ホーチミンからのツアーの定番スポット、クチトンネルも含めて1日で回れるツアーが便利です。

1 カオダイ教の礼拝堂で行われるミサ。伝統楽器の演奏と聖歌のような合唱が行われる　2 カラフルで可愛いカオダイ教の礼拝堂　3 大人も子どももミサに参加する　4 カオダイ教のシンボルマーク「天眼」　5 クチトンネルを見学の後は、戦時中に食べられていたという笹の葉のお茶とキャッサバ（タピオカ）で休憩　6 クチトンネル一帯は緑に包まれている　7 750mほどもある長いトンネルの中へ

ツアーはこんな流れです！

Start!

7:30~8:00

ホーチミン市内を出発

指定のホテルまたはTNKトラベルのオフィスから車で出発

9:30

クチに到着

約1時間半でクチに到着！ 軍服を着たガイドさんが案内する

9:40

トンネルを見学

ベトナム戦争時に造られたトンネルへ！中腰なので非常に疲れる…

10:15

おやつタイム

戦時下の食糧を体験。乾燥させたタピオカは素朴な味

11:30

タイニンに到着

カオダイ教の総本山のある街、タイニンはカンボジアの近くにある

12:00

礼拝を見学

厳かな雰囲気の礼拝を見学。不思議な世界観に圧倒される！

13:00

ランチ

タイニンにあるカジュアルなレストランでベトナム料理ランチ

Goal!

16:00

ホーチミン着

車でホーチミンへ。指定ホテルまたはオフィスまで

1

メコンデルタの流域にある2つの街でクルージング♪

My Tho & Can Tho
ミトー & カントー

このツアーに参加しました!

TNK&APT TRAVEL JAPAN→P.36

メコンデルタクルーズ+水上マーケット観光付き1泊2日ツアー

出発時間	1日目の7:30～8:00
帰着時間	2日目の18:00
料金	US$224～
含まれるもの	現地移動費(車・ボート)、日本語ガイド、1日目の昼食、2日目の朝食、宿泊費

ツアー所要時間 1.5日

ツアー日数 1泊2日

ACCESS

ミトー	ホーチミンから 約70km、約1時間30分
カントー	ホーチミンから 約170km、約3時間30分

素朴な運河の街、ミトーから水上マーケットで有名なカントーへ

メコン川は中国、タイ、ラオスなどを流れ、ベトナムから海へ注ぐ全長約4200kmの大河です。河口付近の肥沃な土地はメコンデルタと呼ばれ、農業や漁業の盛んな土地。ミトーからボートでメコン川の中島をめぐり、水上マーケットで知られるカントーへ。早朝から始まる水上マーケットを楽しむには、1泊2日のプランが最適です。フルーツに魚料理など、地元のグルメも味わえる充実のショートトリップを楽しみましょう。

6

2

7

8

5

4

3

1 流れが穏やかなメコン川の支流で手漕ぎボートを体験　2 メコン川の本流はエンジン付きのボートで　3 カントーの水上マーケットでパイナップルを味見！　4 5 ミトーの工場で食べたできたてのココナッツキャンディが美味　6 のどかな風景がメコンデルタの魅力　7 野菜やフルーツをうずたかく積んだボートが行き交う水上マーケット　8 放し飼いの犬がのんびり過ごしているなど、のどかな雰囲気

ツアーはこんな流れです！

Start!

1日目 **7:30~8:00**

ホーチミン市内を出発

指定のホテルまたはTNKトラベルのオフィスから車で出発

10:00

ミトーに到着

川幅が3kmもあるメコン川に浮かぶ中島をめぐる

10:10

ココナッツキャンディ工房&養蜂場へ

できたてのココナッツキャンディを試食して、美容にいいというローヤルゼリーを購入！

12:00

水上レストランでランチ

名物のエレファントイヤーフィッシュに挑戦。でかい！

17:00

カントーに到着

車で約3時間、夕方にカントーに到着したら、明日に備えて早めに就寝

2日目

6:00

水上マーケットへ

水上マーケットでフルーツを買ったり、船上で営業する食堂を体験

9:00

フルーツ農園&ライスペーパー工場を見学

果物農園で南国フルーツを大量に試食！

12:00

ランチ

川沿いのレストランで最後の食事をしたらホーチミンへ出発

Goal!

18:00

ホーチミン着

指定ホテルまたはTNKトラベルのオフィスで解散！

1

楽園すぎる!ベトナム最大のリゾートアイランドにトリップ

Phu Quoc フーコック島

ACCESS

フーコック島	ホーチミンから飛行機で約1時間
中心部まで	空港から10～15分

美しいビーチにシーフード…リゾートステイも楽しめる!

ホーチミンから飛行機でわずか1時間、カンボジアとの国境付近にあるベトナム最大の離島、フーコック島。ベトナム独特の調味料ヌクマムとコショウが名物で、昔ながらの漁村が残る素朴な島です。何もしないぜいたくを味わえるリゾートホテルにステイして、チャーターカーで島を一周してみましょう。ゆっくりと時間が流れ、大都市ホーチミンでは味わえない癒しのひと時を満喫できること間違いなしです。

1フーコック島で最も美しいといわれるサオ・ビーチ　2海に面した島のシンボル、カウ岩の上にはディン・カウ寺がある　3ヌクマムが島の名産　4素朴な港町、ハムニンにはシーフードレストランが多数　5海産物の乾物を売る店も多い　6シーフードレストランで新鮮な魚介を味わう　7サオ・ビーチのブランコの写真はマスト　8島にはベトナムの昔ながらの生活が残る

フーコック島でしたい4つのこと

1 絶景ビーチへ

島の南端にあるサオ・ビーチ

島にはサオ・ビーチをはじめ、ロング・ビーチやオンラン・ビーチなど美しい砂浜が多数。

Bãi Sao
サオ・ビーチ

MAP P.120
空港から車で約25分

2 シーフードを味わう

島の中心、ドンドン・タウンにはシーフードレストランも。

地元のレストランでカニやエビなど新鮮な魚介を堪能

Trùng Dương Marina
チュン・ズオン・マリーナ

MAP P.120　☎0297-3980-540
136 Đu'o'ng 30/4, Du'o'ng Đông Town　9:00～23:00
無休　空港から車で約20分
カード○　英語

3 楽園リゾートステイ

リゾート内のディナーも◎

リゾートホテルも多数あり、ただのんびりと過ごせる。島めぐりツアーはホテルで予約を。

La Veranda Resort Phu Quoc
ラ・ヴェランダ・リゾート・フーコック
→P.115

4 島の名産品をゲット♪

小魚に塩を加えて発酵させるヌクマムの工場を見学可能。

MAP P.120
空港から車で約20分

島の名産、コショウの農園が点在。粒コショウをおみやげに買いました

MAP P.120　空港から車で約15分

Vietnam AREA 2

ハノイ

Ha Noi

千年の歴史をもつ古の都、ハノイへ

かつて王都として栄えたハノイには、城跡や旧市街などが今も残り、古都の風情を感じさせます。昔ながらの街並みが残る一方で、新たな道路の建設などで着々と都市化が進み、中心部は旅行者でにぎわっています。

主なエリア

1 旧市街

路地が入り組んだ旧市街。最も旅行者が多く、レストランやショップやホテルも多数。夜遅くまでにぎやか。

2 ホアンキエム湖周辺

地元民の憩いの場、ホアンキエム湖があります。ハノイ大教会周辺にはショップやレストランも。

3 タイ湖周辺

高級リゾートが立ち、近年おしゃれなショップやカフェが増えているエリア。中心部からは車で。

4 文廟周辺

中心部からひと足のばした静かなエリア。穴場的なショップやカフェがあります。

5 タンロン遺跡周辺

世界遺産の遺跡群があり、周辺はホーチミン廟や博物館などの見学スポットが多く集まっています。

6 市街西部

中心部からひと足のばしたキンマー区は、ベトナムに駐在する人が多いエリア。日本食店も多い。

ベストシーズン

過ごしやすいのは

11〜3月

ベトナム北部は亜熱帯気候。5〜9月は雨季で特に7〜8月は猛暑。1〜2月は気温が低く朝晩は冷え込みます。

主な交通手段

☑ 徒歩

旧市街などの中心部は徒歩が基本。車が通れない細い道もあります。昼間は暑さに注意しこまめに休憩を。

☑ グラブ

ハノイ市内ではグラブタクシーとグラブバイクを利用できます。旧市街にも乗り入れOK。最も便利な手段。

☑ タクシー

料金が安いので、ちょっとした移動に便利。メーターがないタクシーは避けた方がよいです。

☑ 空港から市内へ

ノイバイ空港からハノイ市内までは、車またはミニバスで40〜50分ほど。タクシーの場合30万VND〜くらいが目安です。

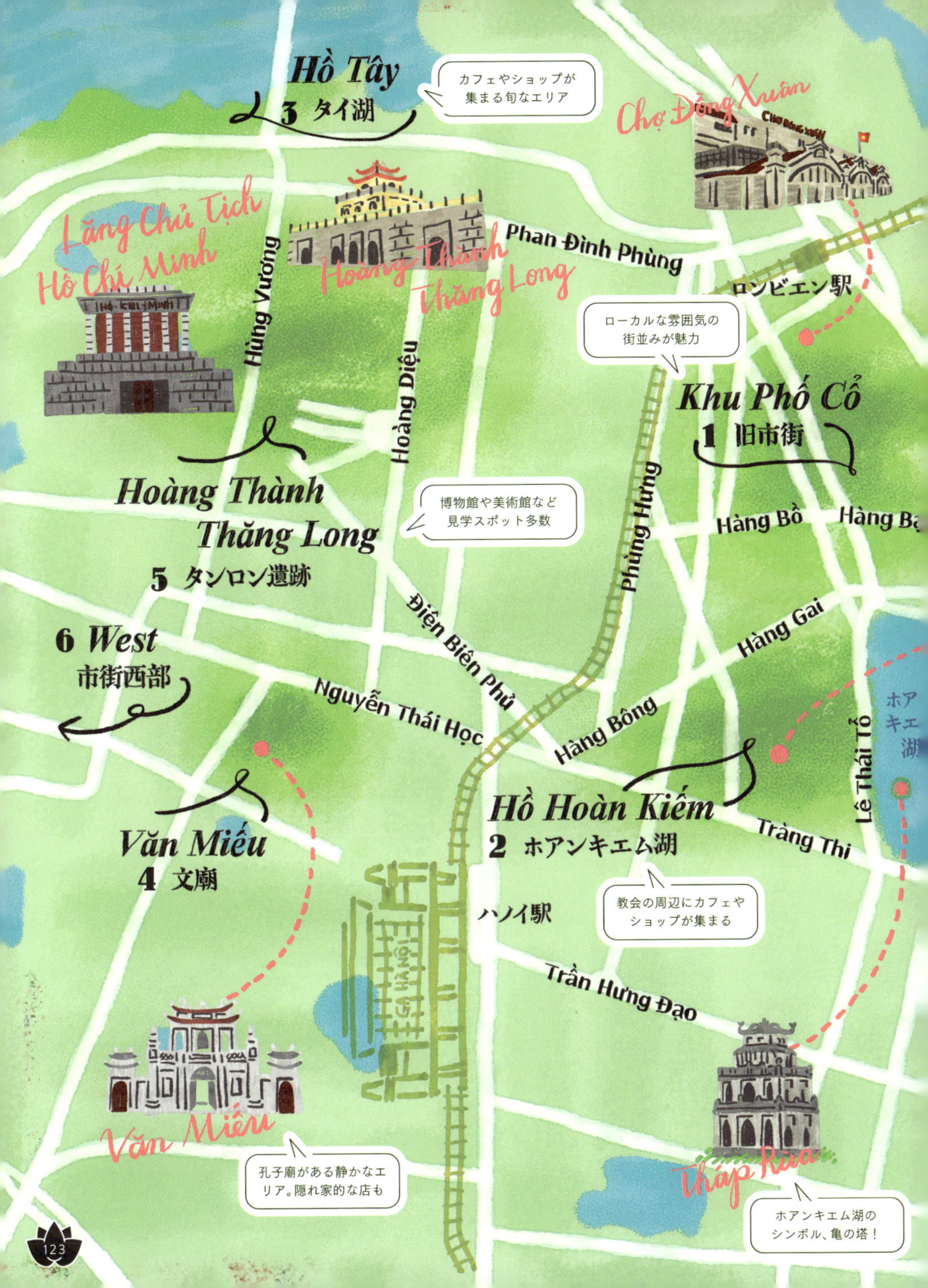
Hồ Tây
3 タイ湖
カフェやショップが
集まる旬なエリア
Chợ Đồng Xuân
Lăng Chủ Tịch
Hồ Chí Minh
Hoàng Thành
Thăng Long
Phan Đình Phùng
Hùng Vương
Hoàng Diệu
ロンビエン駅
ローカルな雰囲気の
街並みが魅力
Khu Phố Cổ
1 旧市街
Hoàng Thành
Thăng Long
5 タンロン遺跡
博物館や美術館など
見学スポット多数
Phùng Hưng
Hàng Bồ
Hàng Bạ
Điện Biên Phủ
Hàng Gai
6 West
市街西部
Nguyễn Thái Học
Hàng Bông
Lê Thái Tổ
ホアンキエム湖
Hồ Hoàn Kiếm
2 ホアンキエム湖
Tràng Thi
Văn Miếu
4 文廟
ハノイ駅
教会の周辺にカフェや
ショップが集まる
Trần Hưng Đạo
Văn Miếu
孔子廟がある静かなエ
リア。隠れ家的な店も
Tháp Rùa
ホアンキエム湖の
シンボル、亀の塔！

1日で満喫

Ha Noi

1 Day Perfect Planning

中心部からひと足のばしたエリアも、車移動なら無理なく回れます。ハイライトを全て1日に詰め込んだプランがコチラ。

10:00 ハノイ大教会を見に行く →P.126

街のシンボルであるコロニアル建築の教会は、ホアンキエム湖から歩いてすぐ。

11:00 雑貨さがし♪ →P.133

ベトナム人デザイナーが作る、モダンなクラフト雑貨を買いに。

14:00 ローカルスイーツ♡ →P.128

街歩きのひと休みは、ハノイ名物のひんやりスイーツで。

15:00 素敵なカフェ →P.136

ハノイで今人気のカフェをチェック。ロケーションが最高！

MEMO

☑ 移動手段はグラブがおすすめ

旧市街を中心に見どころやお店が集まるハノイの街。近距離でも乗れて低価格なグラブが結局一番便利なアシです。

☑ 旧市街は徒歩が楽しい

路地が入り組んだ旧市街は、ぶらぶら歩いて散策すれば、思わぬ掘り出し物の雑貨やローカルグルメが見つかるかも！

☑ 時間があれば歴史スポットも

ハノイは歴史のある街なので世界遺産やコロニアル建築などの観光スポットも充実！ 比較的街なかにあり、アクセス便利。

☑ バッチャンへは車で40分！

伝統工芸のバッチャン焼が作られるバッチャン村(→P.144)。車で往復して買い物もして、2時間程度で楽しめます。

12:00 ランチは本場のフォー →P.130

実はフォーの本場はハノイ。地元の人で行列のできる人気店なら間違いなし！

13:00 旧市街をおさんぽ →P.128

レトロでにぎやかなオールドタウンをブラブラ。市場ものぞいてみて。

16:00 スパで一日の疲れを癒す →P.138

ベトナムならではの低価格で、最大限に癒される！ 高級スパからお手軽スパまで充実。

18:00 とっておきディナー →P.140

ちょっとおしゃれして出かけたい空間も素敵なレストラン！

ハノイ Best time!
10:00

かつて都が置かれた歴史ある古都だから…

ハノイの
メインスポットまとめ。

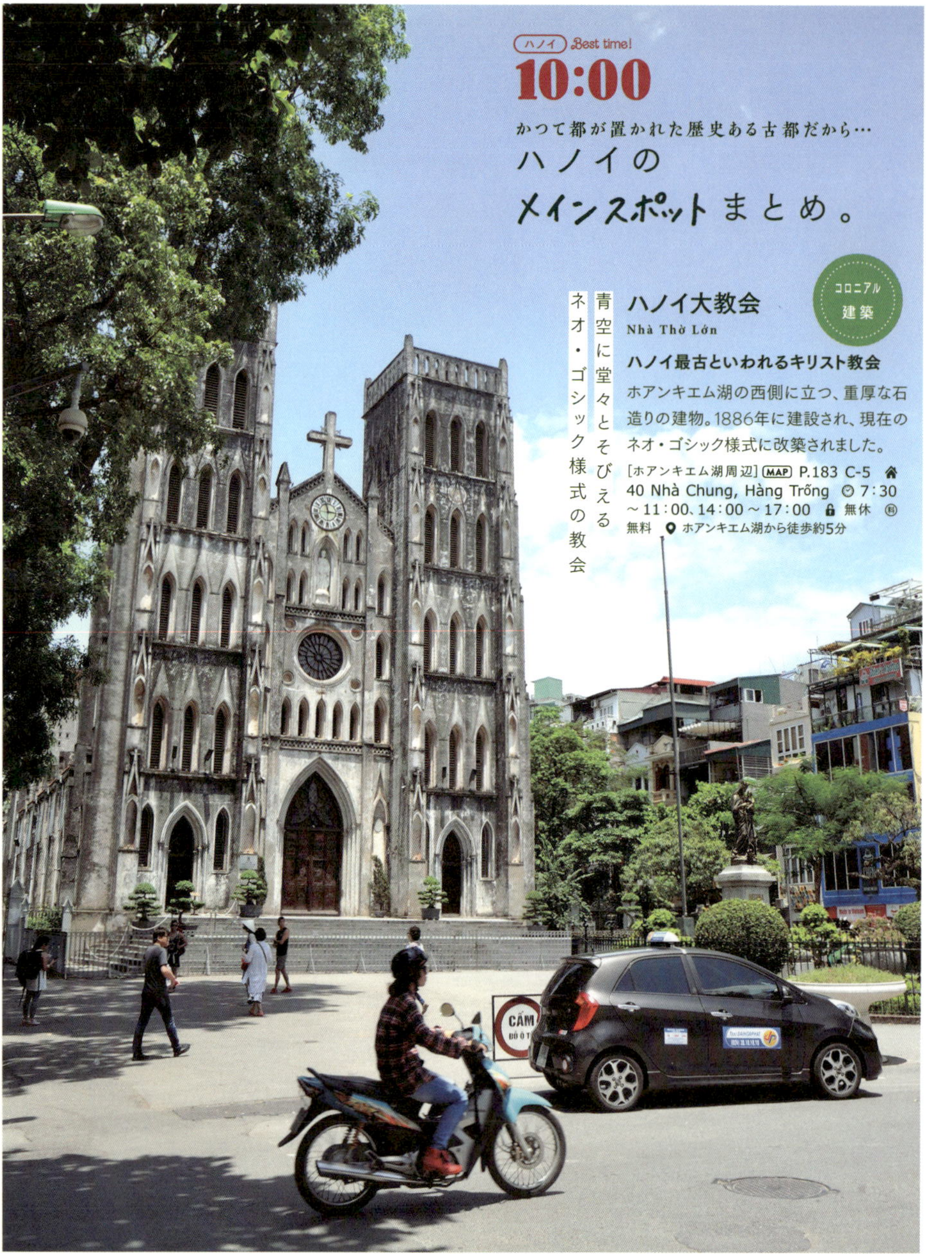

青空に堂々とそびえるネオ・ゴシック様式の教会

ハノイ大教会
Nhà Thờ Lớn

コロニアル建築

ハノイ最古といわれるキリスト教会

ホアンキエム湖の西側に立つ、重厚な石造りの建物。1886年に建設され、現在のネオ・ゴシック様式に改築されました。

[ホアンキエム湖周辺] MAP P.183 C-5
40 Nhà Chung, Hàng Trống ⏰ 7:30～11:00、14:00～17:00 🔒 無休 ¥ 無料
📍 ホアンキエム湖から徒歩約5分

Ha Noi IN THE MORNING

※1万VND＝約58円

★★★ カフェ「ラ・プレイス」(MAP P.182 D-5) は窓からハノイ大教会を眺められる絶好のロケーション！

1000年の歴史の街 ハノイの建築をめぐる

この街の長い歴史を象徴するように、ハノイの街なかには各時代を代表する建造物が点在しています。旧市街の北西にあるタンロン遺跡は、ハノイに都が置かれていた時代の王城。11世紀の李王朝時代から約800年の間に、さまざまな建物が建設され、2010年にはハノイ唯一の世界遺産に登録されました。

また、近代になってからの代表的な建築物といえば、ホアンキエム湖の近くにあるハノイ大教会です。フランス統治時代の19世紀末に建設され、双塔のネオ・ゴシック様式の建物が、今もハノイの街を見守っています。教会の内部は見学も可能で、ステンドグラスなど装飾の美しさに魅了されます。

ベトナム建国の父、ホー・チ・ミン主席が眠る墓や、孔子を祀る中国建築の霊廟など、首都ハノイならではの歴史スポットを訪ねてみては？

世界遺産

かつての宮殿や城門などを見学できる。戦時中はベトナム軍の作戦司令部として使われた

タンロン遺跡

Hoàng Thành Thăng Long

世界遺産に登録されたかつての王城

11世紀からフエに都が遷都する19世紀まで、ベトナム王朝の王宮があり、歴代の王が居城とした「タンロン城」の遺跡群が発掘されている場所。敷地内は広大！

[タンロン遺跡周辺] MAP P.183 A-2 19C Hoàng Diệu 8:00～17:00 無休 7万VND ホアンキエム湖から車で約10分 カード ×

霊廟

境内の最奥の本殿には孔子像が祀られている。石造りの文廟門など荘厳な建築物が残る

文廟

Văn Miếu

孔子を祀る中国式の霊廟

1070年に建立。赤い屋根瓦の本殿や、10万VND紙幣に描かれている楼門、奎文閣などがあります。1076年には境内にベトナムで最初の大学が作られたといいます。

[文廟周辺] MAP P.181 B-3 58 Quốc Tử Giám 8:00～17:00 無休 7万VND ホアンキエム湖から車で約10分 カード ×

霊廟

総大理石の建物は蓮の花をイメージして建設。周辺にはホー・チ・ミン主席が暮らした家もある

ホーチミン廟

Lăng Chủ Tịch Hồ Chí Minh

総大理石造りの霊廟の内部へ

ベトナム建国の父、ホー・チ・ミン主席の遺体が安置されています。内部は見学可能で、1969年に亡くなった当時の姿のまま保存されています。

[タンロン遺跡周辺] MAP P.181 B-3 2 Hùng Vương, Diện Bàn 7:30～10:30(土・日曜、祝日は～11:00)、冬季は8:00～11:00(土・日曜、祝日は～11:30) 月・金曜、9～11月 4万VND ホアンキエム湖から車で約10分 カード ×

ハノイ Best time!

11:00

かつて都が置かれた歴史ある古都だから…

旧市街を端から端までぐるっと散策してみる。

A レトロなベトナム古民家!

マーマイの家（旧家保存館）

Bảo Tồn, Tôn Tạo Khu Phố Cổ Hà Nội

19世紀末に建てられた伝統的な中国風の木造家屋を修復、保存しています。1階にはベトナム北部の伝統工芸雑貨を扱うショップスペースも。

[旧市街] MAP P.182 E-3 87 Mã Mây 8:00～20:00 無休 料1万VND ドンスアン市場から徒歩約10分 カード×

B 掘り出し物を探すなら!

ドンスアン市場

Chợ Đồng Xuân

地元の人も利用する2階建ての市場。卸売問屋が多いですが、おみやげの雑貨店もあります。いくつか買うと割引をしてくれることもあるので、交渉の価値あり。

[旧市街] MAP P.182 D-1 Đồng Xuân 7:00～18:00頃 店により異なる ホアンキエム湖から徒歩約10分 カード×

旅の記念になるマグネット3万VND

刺繍＆スパンコール付きのポーチ3万VND

C 可愛いバイン・ミーカフェ

Bánh Mì 25

バイン・ミー・25 A

ザクザク食感のフランスパンが魅力。バイン・ミー・タップ・カム4万VNDはバーベキューポークや豚肉のパテをサンドした名物メニューです。

[旧市街] MAP P.183 C-2 94-254-8214 25 Hàng Cá 7:00～21:00 無休 ドンスアン市場から徒歩約5分 カード○ 英語

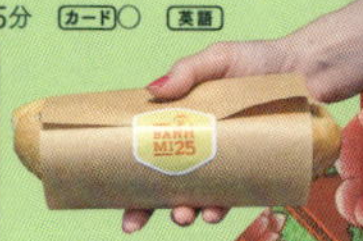

バイン・ミーはテイクアウトもOK

D キッチュなホーローの食器

Nhôm Hải Phòng

ニョン・ハイ・フォン

昔ながらの小さなお店で、ホーローのカップやお皿10万VND～、鍋25万VND～などを販売。ベトナムコーヒー用のフィルターは2万5000VND。

[旧市街] MAP P.183 C-1 024-826-9448 38A Hàng Cót 8:00～17:00頃 無休 ドンスアン市場から徒歩約5分 カード×

お皿（小）10万VNDとカップ6万VND

E ひんやりスイーツをおやつに

Hoa Béo

ホア・ベオ

フルーツに練乳とクラッシュアイスをかけて食べるハノイ名物のホア・クア・ザムが看板メニュー。テイクアウトもできるシントーは2～6万VND。

[旧市街] MAP P.182 D-4 024-3828-8702 17 Tô Tịch 10:00～24:00 無休 ドンスアン市場から徒歩約10分 カード×

ホア・クア・ザムHoa Quả Dầmは3万VND

※1万VND=約58円

★★★ 旧市街は端から端まで歩いて15分くらい。カフェや屋台で休憩しつつ回りましょう。

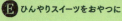

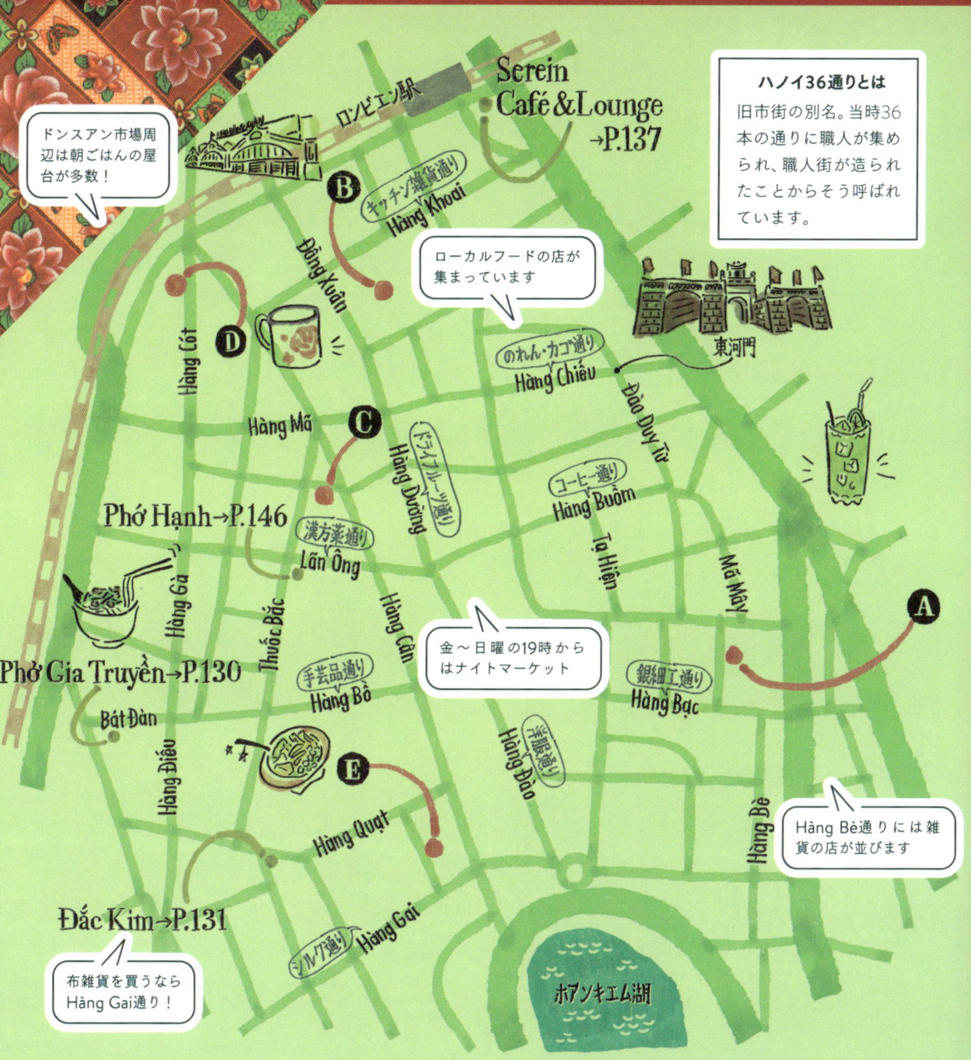

ハノイ36通りとは

旧市街の別名。当時36本の通りに職人が集められ、職人街が造られたことからそう呼ばれています。

職人街の面影を残す旧市街をおさんぽ

ハノイは11世紀から19世紀初めまで王都として栄えた城下町。街には王への献上品を作るために職人たちが集められ、職人街が形成されました。

それが現在「旧市街」と呼ばれている、ホアンキエム湖の北側からドンスアン市場あたりまでの一帯。細い路地が迷路のように入り組んでいます。

職人街の頃の名残で、漢方薬や仏具、銀細工など、1つの通りに同じものを扱う店が軒を連ねているのがユニーク。おみやげを探すなら、布製品の店が並ぶハンガイ通りやキッチン雑貨の店が集まるハンコアイ通りへ。プチプラ雑貨の店が一堂に集まるドンスアン市場もオススメです。また、旧市街はローカルグルメの宝庫でもあり、食べ歩きをするのも楽しみのひとつです。

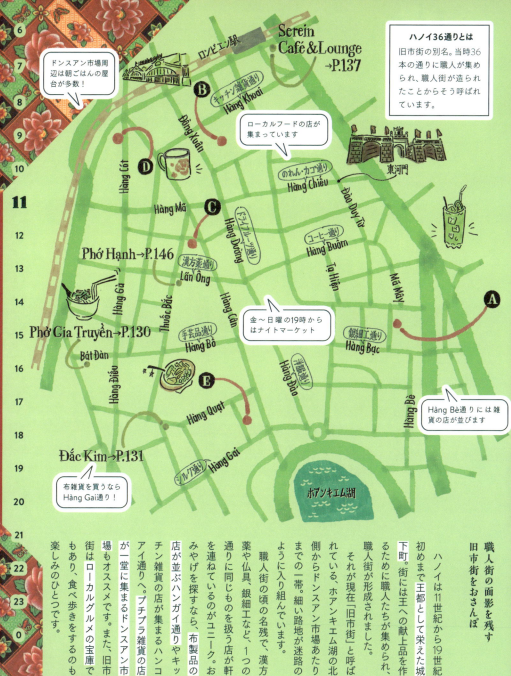

ハノイ Best time!

12:00

本場のフォーも人気食堂も！

ランチは〝レベル高〟な名物料理を押さえる。

Ha Noi IN THE MORNING

選ぶなら名物専門店かカジュアル食堂！

ベトナム北部の郷土料理といえば、牛肉のフォーや米粉のつけ麺ブン・チャー、揚げ春巻きのネム・ザンなど。特にフォーはハノイが本場とあって、やはりほかの地域よりも断然美味しい！行列のできる有名店も多数あります。ハノイのフォーは牛肉を使ったフォー・ボーが代表的で、美味しさの秘密は牛骨を何時間も煮込んで作るスープにあります。あっさりしつつもしっかりとダシが効いていて、毎日でも食べたくなってしまいます。味にお墨付きの専門店もいいですが、色々な料理を試したいなら、カジュアルな食堂がランチにぴったりです。

軽く火を通した牛肉がのったフォー・ボー・タイPhở Bò Táiは6～7万VND

Phở Thìn

フォー・ティン

本場のフォー

濃厚牛骨スープが特徴の有名店

メニューは牛肉のフォーのみの専門店。牛骨を1日かけて煮込んだ濃厚スープとどっさりとのったネギが特徴。

[市街南部] MAP P.181 A-5 ☎なし 🏠13 Lò Đúc ⏲6:00～21:00（売り切れ次第閉店） 🔓無休 📍ホアンキエム湖から車で約5分 カード×

朝・夜のみの行列店もチェック

Phở Gia Truyền

フォー・ザー・チュエン

本場のフォー

ハノイ1と名高いフォーの名店

この道35年の店主が作るフォーは、10時間煮込んだ牛骨スープが絶品。先にカウンターで注文してお金を払い、料理は席まで運ばれてきます。

[旧市街] MAP P.183 C-3 ☎なし 🏠49 Bát Đàn ⏲6:00～10:00、18:00～20:30 🔓無休 📍ドンスアン市場から徒歩約10分 カード×

フォー・タイ・ナムPhở Tái Nạmは5～6万VND

※1万VND=約58円

★★★焼きフォーが名物のフォー・サオ・フー・ミー（MAP P.183 C-3）もおすすめです。

ブン・チャーと揚げ春巻きネム・ザンのセット10万VND～

英語のメニューも用意されている

Đắc Kim

ダック・キム

ブン・チャー

ハノイ風つけ麺の有名店といえばココ!

米粉のブンをヌクマム（魚醤）ベースのタレにつけていただくブン・チャーの専門店。タレには豚の肉団子が入っていて、ハーブとともにいただきます。

[旧市街] MAP P.183 C-4 ☎024-3828-5022 1 Hàng Mành 9:00～21:00 無休 ドンスアン市場から徒歩約12分 カード×

Quán Ăn Ngon

クアン・アン・ゴーン

郷土料理

広いテラス席のある一軒家レストラン

北部をはじめ、ベトナム全土の郷土料理を味わえるカジュアルなお店です。米粉の蒸し春巻きバイン・クオン7万VNDもおすすめ！

[市街西部] MAP P.181 B-4 ☎090- 212-696 18 Phan Bội Châu 6:30～22:00 無休 ドンスアン市場から車で約10分 カード○ 英語

トマトとカニのスープ麺、ブン・リウ・クア Bún Riêu Cua 8万VND

1階にはポーチやスカーフなどの小物がずらりⒶ

※1万VND＝約58円

★★★ インディゴ・ストアでは藍染のワークショップも開催。伝統技術の継承に取り組んでいます。

ハノイ Best time!

13:00

ベトナム的デザインに注目～!

ベトナム北部のクラフトアイテムを買いに。

ベトナム北部に伝わる工芸品の藍染はファッションアイテムに取り入れたい！ 地元アーティストのデザイン雑貨もチェックして。

トートバッグ26万VND。路上カフェのイスをベトナムの文字風にデザイン！Ⓑ

絞り染めのスカーフ198万VND。柄はひとつひとつ異なるⒶ

刺繍のチャーム各10万VNDはバッグに付けたり部屋に飾ったりⒶ

染色から縫製までを自社で行う藍染のワンピース333万5000VNDⒶ

1レトロなベトナムカルチャーをモチーフにしたアートⒷ 2小さな店内には気になるアイテムが所狭しと並ぶⒷ

トランプ22万VND。荷物をどっさり積んだ行商のイラスト入りⒷ

バイクや路上カフェなど、ベトナムの風景がモチーフのノート25万VNDⒷ

Ⓑ Collective Memory

コレクティブ・メモリー

ローカルカルチャーをデザイン

ベトナム人アーティストが作るデザイン雑貨のショップ。旅行ライターとフォトグラファーの夫婦がオーナーで、セレクトのセンスが抜群！

[ホアンキエム湖周辺] MAP P.182 D-5 ☎ 098-647-4243 🏠 12 Nhà Chung ⏲ 10:00～18:30 🔒 無休 📍 ホアンキエム湖から徒歩約5分 カード ○ 英語

Ⓐ Indigo Store

インディゴ・ストア

手作業で作る藍染の布をアレンジ

山岳地帯の少数民族が手作りする藍染のお店。オーガニックコットンの栽培、染織・縫製までを自社で行っています。洋服のオーダーメイドも可能。

[文廟周辺] MAP P.181 B-3 ☎ 024-3719- 3090 🏠 33A Văn Miêu ⏲ 8:00～19:00 🔒 無休 📍 文廟から徒歩約3分 カード ○ 日本語

ハノイ Best time!

14:00

ハノイで買いたいもの、ぜーんぶ！

本命セレクトショップ2。

ハノイの街で買いたいのは、陶器や織物などの工芸雑貨。
ハンドメイドの品をそろえる人気ショップがこの2軒！

少数民族の織物をあしらった、がま口のショルダーバッグ27Ⓑ

オリジナルクッキー12万VND。マンゴー、カカオなど味は3種類Ⓐ

ポーチ29万8000VND。配給時代の高級寝具に使われていたレトロな花柄Ⓐ

ホーローのマグカップ10万VND。インテリアとしても可愛い！Ⓑ

ソンベ焼のお茶碗22万VNDはレトロな花柄がポイントⒶ

ミニサイズのプラカゴ8万9000VND。色やサイズの種類が豊富Ⓐ

ベトナムの地図がモチーフのミニサイズのノート3万VNDⒷ

素朴な土の風合いが素敵なライティウ焼の平皿。15万VNDⒷ

食堂などで使われていた昔ながらの水玉グラス。2万1000VNDⒶ

Ⓑ Hanoi Shoten

ハノイ商店

2階にはカフェも併設

食器やかごバッグ、少数民族の布、グルメみやげなどほかにデリもあり、在住日本人にも人気のお店。カフェのフルーツジュースも評判。

[ハノイ市西部] MAP P.181 B-1 ☎ 094-997- 0487 1 Ng. 12 Đào Tấn 9:00～22:00 無休 ホアンキエム湖から車で約15分 カード ○ 日本語

Ⓐ Em Hanoi

エム・ハノイ

日本人オーナーの可愛いお店

オーナーのセレクトによる上質なベトナム雑貨、オリジナルのお菓子のほかに、コスメやフレグランスなど、多彩なアイテムがそろっています。

[ハノイ市西部] MAP P.181 B-1 ☎ 03- 8369-2662 12-14 Nguyễn Văn Ngọc 10:00～19:00 月曜 ホアンキエム湖から車で約15分 カード ○ 英語

※1万VND＝約58円

★★★ エム・ハノイとハノイ商店があるキンマー地区は、日本人駐在員が多いエリア。日本食のお店もあります。

1

1 2フロアあるハノイ商店Ⓑ 2 エム・ハノイにはコスメもⒶ 3 キッチュなホーローの食器Ⓐ 4 5 ハノイ商店はコーヒーやドライフルーツなどグルメみやげも充実Ⓑ 6 ライティウ焼やバッチャン焼は種類豊富Ⓑ

4

2

6

5

3

ハノイ Best time!
15:00

ロケーションが最重要！
チルアウト《まったり》できるカフェ、ありました。

空間の素敵さが推せる！ノスタルジックなカフェ

ひと休みするなら、ハノイらしいのんびりできるカフェをチョイス。マイ・キッチンウェアは1階が食器店、吹き抜けの2階がカフェになっています。中国茶館のヒエン・チャー！・チュオン・スアンの古民家も素敵。どちらもハノイらしいレトロなムードが漂っていて、時間を忘れてくつろげるんです。

最近SNSで話題なのは、ロンビエン橋を望むセレイン・カフェ&ラウンジ。店内はバーラウンジのようなラグジュアリーなインテリアです。バルコニーに続くドアを開けると、アーチの向こう側にはホン河に架かるロンビエン橋が！ 鉄道が橋を渡る様子も見られます。

1 1階にはさまざまなブランドの食器やカトラリーが所狭しと並ぶ 2 階段を上るとチルなカフェスペースが

MAY KITCHENWARE
マイ・キッチンウェア

カフェとショップの複合空間

2階建ての邸宅のような空間でお買い物しながらひと休みできます。グリーンに囲まれた吹き抜けの空間が特等席！

[ロンビエン駅周辺] MAP P.181 C-4 ☎ 098-802-6366 80 Yên Phẹ 8:00～21:00 無休 ドンスアン市場から徒歩約10分 カード ○ 英語

パッションフルーツ＆グアバジュース6万5000VND　ホイップクリーム入りのカフェ・マイ5万5000VND

※1万VND＝約58円

★★★ ハノイ駅近くの線路沿いカフェ、ザ・レイル・ウェイ・ハノイ（MAP P.101 B-4）も人気です。

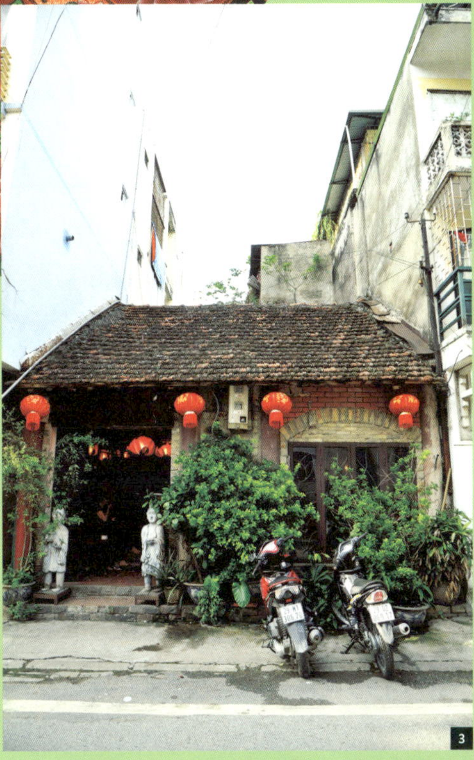

1 蓮茶Trà Senはポットで８万VND 2 砂糖をまぶした蓮の実Mứt Hạt Senは定番のお茶うけ。1万5000VND 3 店は文廟の近くにある

Hiên Trà Trường Xuân

ヒエン・チャー・チュオン・スアン

古民家でティータイム

中国風茶館。蓮やジャスミン、菊など花の香りを移したものをはじめ、40種のお茶を扱っています。

[文廟周辺] MAP P.181 B-4 ☎ 024-3911-0104 13 Ngô Tất Tố 10:00～15:00 無休 文廟から徒歩約3分 カード × 英語

1 バルコニー席は早い者勝ち！ 2 エッグ・コーヒー13万9000VND 3 店内にソファ席も

Serein Café & Lounge

セレイン・カフェ & ラウンジ

バーのような大人な雰囲気

鉄道のロンビエン駅の近くにあり、線路の上を鉄道やバイクが走る独特の風景がユニークです。

[ロンビエン駅周辺] MAP P.182 D-1 ☎ 076-908-1856 16 Tập Thể Ga Long Biê 8:00～23:00 無休 ドンスアン市場から徒歩約7分 カード ○ 英語

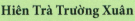

ハノイ Best time!

16:00

シチュエーションにコスパ、何で選ぶ!?

ハノイの極上スパ、3選がコチラです。

高級ホテル内にあるラグジュアリースパからカジュアルな街なかスパまで、ハノイの人気スパは選択肢が無限です!

2

3

1

1 8室あるトリートメントルームはそれぞれインテリアのテーマが異なり、全室個室 **2** スパ棟はコロニアル建築風 **3** 隠れ家のような雰囲気 **4** 自然光が入りリラックスできる空間が魅力 **5** フット用のバスタブはバッチャン焼を使うなど細部にこだわりが

ラグジュアリースパ

Le Spa du Metropole

ル・スパ・ドゥ・メトロポール

フランスのヴィラのような空間がステキ

ハノイ屈指の高級ホテル内の一軒家スパ。施術も空間も最高レベルながら、日本ではありえない低価格で受けられます!

[ホアンキエム湖周辺] MAP P.181 B-5 ☎024-3826-6919 15 Ngô Quyền(ソフィテル・レジェンド・メトロポール内) 10:00~22:00(最終受付21:00) 無休 ハノイ大教会から徒歩約15分 カード○ 英語 ※要予約

MENU

So Exhilarating Body Treatment

60分　250万VND

体のシルエットを美しくするボディマッサージ

5

4

※1万VND=約58円

★★★1901年創業の老舗ホテル、ソフィテル・レジェンド・メトロポールは各国の首脳も滞在した5つ星ホテルです。

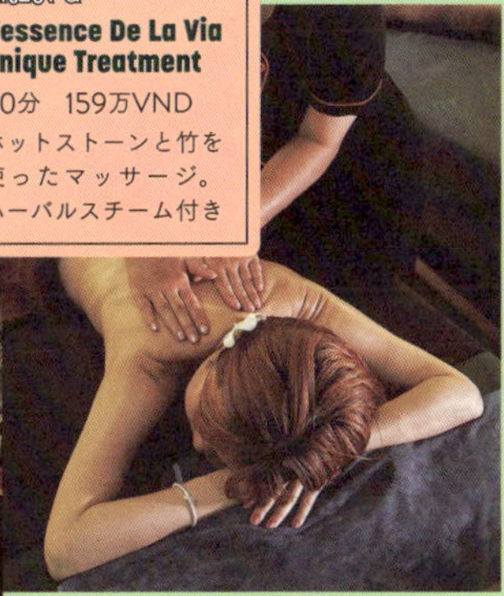

MENU

L'essence De La Via Unique Treatment

90分　159万VND

ホットストーンと竹を使ったマッサージ。ハーバルスチーム付き

1 専用バス付きのプライベートカップルルーム **2** 食事付きコースではベトナム料理のブン・チャー・ガンなどを選べる **3** レストランで食事のみの利用もOK

レストラン併設

L'essence De Cuisine

レッセンス・デ・キュイジーヌ

食事付きのパッケージが魅力

ベトナムの伝統とモダンが調和した洗練された空間。120分以上のコースを選ぶと、併設のレストランで食事ができます。

[旧市街] MAP P.182 D-4　☎097-839-2399　🏠99B Hàng Gai　🕘9:00～22:30（最終受付21:30）、レストランは10:00～22:00　🔒無休　📍ホアンキエム湖から徒歩約5分　カード○　英語　※要予約

1 トリートメントルームは個室も用意 **2** プロダクトにはベトナムのハーブや花を使用 **3** 電話のほか、ネットやメールでも予約可

MENU

Hot Stone Massage

75分　49万VND

ホットストーンを使用。フットバス付き

カジュアルスパ

Orient Spa

オリエント・スパ

ホアンキエム湖近くのカジュアルスパ

1時間35万VNDのフットマッサージなど、時間・値段ともに気軽に立ち寄れるメニューが豊富。ネイルケアやフェイシャルも。

[ホアンキエム湖周辺] MAP P.182 D-4　☎0977-903-499　🏠26 Ấu Triệu　🕘10:00～22:00（最終受付21:00）　🔒無休　📍ハノイ大教会から徒歩約1分　カード○　英語　※要予約

美空間レストランが最高すぎる！ ハノイのディナーの選択肢。

ベトナム北部の郷土料理、フランス文化色濃いハノイならではのビストロなど、グルメな街・ハノイを満喫しましょう♪

Ha Noi IN THE NIGHT

ディナーMEMO
予約 望ましい
ドレスコード カジュアル
予算 1人40万VND～

1 ベジタリアン

Ưu Đàm Chay

ウー・ダム・チャイ

シックな一軒家レストラン

仏教の世界を表現した美しい空間でいただくのは、ベトナム料理をアレンジしたヴィーガン料理。ベトナム各地のヘルシーな食材を厳選しているそうです。

[市街南部] MAP P.181 A-4 ☎ 098-134-9898 55 Nguyễn Du 10:30～21:00 無休
ホアンキエム湖から徒歩約15分
カード ○ 英語

ハノイでは珍しい小上がり席も

1 マンゴーとアボカドの春巻き16万5000VND 2 季節のフルーツサラダ15万VND 3 デザートはフルーツやチアシードをスープ仕立てで。7万5000VND

※1万VND＝約58円

2 郷土料理

ディナーMEMO

予約　可
ドレスコード　カジュアル
予算　1人50万VND～

1 店内は2フロアある　2 揚げ春巻き18万9000VND、鶏肉とレモングラスのグリル26万9000VND

Viet Rice Essence Restaurant

ベト・ライス・エッセンス・レストラン

インドシナ様式のインテリア

ベトナムの古い木造家屋をイメージした空間で、山岳地帯の食文化を取り入れたベトナム北部の郷土料理を提供しています。

[旧市街] MAP P.183 C-2 ☎ 96-564-5335 🏠 93 Phùng Hưng ⏲ 9:00～22:00 🔓 無休 📍 ドンスアン市場から徒歩約10分 カード ○ 英語

1 カジュアルビストロな雰囲気　2 クレーム・ブリュレ9万5000VND　3 ビーフタルタル29万5000VNDはポテトとサラダ付き

3 フレンチ

Colette

コレット

ワイン好きさんはココへ！

お酒によく合うフランス料理が自慢。さまざまな銘柄を試せるワインのテイスティングメニューがあります。

[ホアンキエム湖周辺] MAP P.182 E-4 ☎ 07-6625-3630 🏠 12 Lò Sũ ⏲ 11:30～23:00 🔓 月曜 📍 ホアンキエム湖から徒歩約3分 カード ○ 英語

ディナーMEMO

予約　可
ドレスコード　カジュアル
予算　1人70万VND～

THE HOTEL *guide* Ha Noi

CITY HOTEL

ハノイの街なかホテル

1 Favorite scene

テラス付きのお部屋でティータイム

シティービューを楽しむなら、テラス付きのお部屋を選んで。ザ・オリエンタル・ジェード・スイート・テラスはベッドルーム、リビングに広いテラス付き。

2 Favorite scene

隠れ家のようなルーフトップのプール

ハノイのシンボル・ホアンキエム湖を望む45mのアウトドアプール。フローティングブレックファーストもリクエストできます。

3 Favorite scene

一日の締めくくりはスカイバーで！

11階のルーフトップバーで、サンセットや夜景を眺めながら優雅なひと時を。ホテル内にはレストランもあるので、ディナー後に利用するのがおすすめです。

The Oriental Jade Hotel & Spa

ザ・オリエンタル・ジェード・ホテル＆スパ

ハノイの街を見下ろすホテル

ハノイ大教会のすぐ近くにあり、エレガントなインテリアが魅力。ルーフトップのプールやバーが素敵！

[ホアンキエム湖周辺] MAP P.182 D-5 ☎ 024- 3557-3333 92-94 Hang Trong IN 14:00 OUT 12:00 室 120 ㊕225US＄～ ハノイ大教会から徒歩約2分 カード○ 英語○

1 Favorite scene

ゲストルームは
クラシックなインテリア

スタンダードでもバスタブ付きの部屋もあり、コンパクトながら快適。スイートはPC付きで、ホテルに直接予約するとランドリーとミニバーが無料に。

2 Favorite scene

マイスペースは
バルコニー

パリのホテルのようなバルコニーは、スイートなどハイカテゴリーの特権です。

Hanoi la Siesta Hotel & Spa

ハノイ・ラ・シエスタ・ホテル＆スパ

旧市街の隠れ家ブティックホテル

シックで落ち着いたインテリアが素敵な旧市街の小さなホテル。レストランやスパは宿泊者以外も利用でき、評判です。

[旧市街] MAP P.182 E-3 ☎024-3926-3641
94 Mã Mây IN 14:00 OUT 12:00 室70
料165万6000VND～ ドンスアン市場から徒歩約10分 カード○ 英語

3 Favorite scene

シックなインテリアが
お気に入りのレストラン

東南アジア各地で買いそろえた食器やインテリアがおしゃれ。朝食ブュッフェのあとはアラカルトのオールデイダイニングに。バーとしても利用できる自由さが◎。

4 Favorite scene

コロニアルスタイルのスパ

ホテル内にスパルームは3室。9～12時はハッピーアワーには、60分以上のコースが25％オフになります。

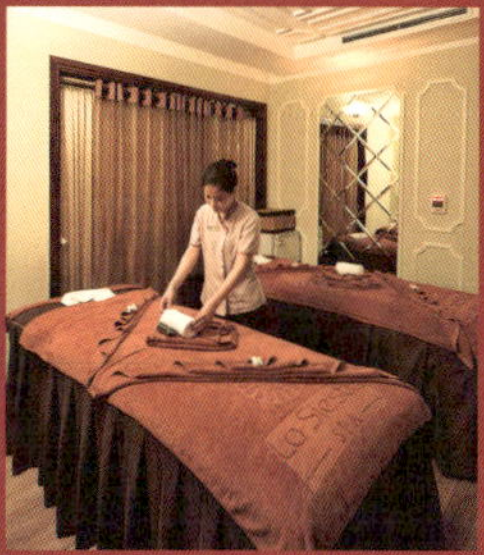

4

1

3

2

1 焼物のための土を運ぶ人がいるなど、陶芸の村らしい景色 2 工房では制作風景を見られる 3 市場はショップに比べると半額以下の値段 4 トンボや菊の花がバッチャン焼の伝統文様 5 市場内で開かれていた陶芸教室 6 大型店はデザインも色もバリエーション豊富 7 通りには、同じような陶器の店がずらりと並んでいる

ハノイからすぐの焼物の村でお買い物

Bat Trang バッチャン

5

6

7

ACCESS

ハノイ旧市街から
約15km 約40分

日帰り

CHECK!

1 大量買いなら大型店へ!
とにかく品ぞろえが豊富な大型ショップは、まとめ買いにおすすめです。

2 掘り出し物の発掘なら市場が正解
地元の人が利用する陶器市場はショップの半額以下の値段。掘り出し物が見つかるかも。

3 車をチャーターすると便利
村内はタクシーが少ないので、ハノイから乗ってタクシーで回るのが◎。メーター制。

ハノイ市内から車で行ける小さな伝統工芸の村を散策

ホン川を隔てた東南にある小さな村。陶器に適した土が出ることから、焼物の村として知られています。通りには陶器の店が軒を連ね、ショップが集まるGian Cao通りや、格安で買い物ができる陶器市場などが旅行者に人気です。ハノイからは車でアクセスし、買い物の間は待ってもらうのが安心。料金は半日で50万VND ~が目安です。

バッチャンで見つけたお気に入りの器たち

Ⓑ **丸皿**
US$15
人気の鳥のモチーフ。カラーも豊富

Ⓐ **角皿**
US$20
小皿から大皿までサイズが豊富。写真は中

Ⓑ **ティーポット**
US$60
おそろいのカップもありセットで買いたい

Ⓐ **小皿**
US$10
小さい小皿はアクセサリー入れなどにも

Ⓑ **ティーセット**
US$70
中国茶用の小さいカップと受け皿のセット

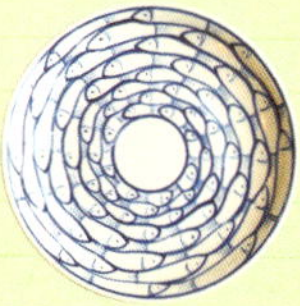

Ⓐ **丸皿**
US$20
小魚柄は最近流行のデザイン

Ⓑ **調味料入れ**
US$30
醤油や塩を入れる調味料入れ。受け皿もセット

Ⓐ **バスケット**
US$15程度
籐のカゴ付き。お菓子や果物を入れるのに◎

Ⓐ **調味料入れ**
各US$5程度
2つ向かい合わせるとハグのポーズになる

Ⓐ **角皿（小）**
US$10
定番のハスの花の文様。淡い色合いがステキ

Ⓐ **小物入れ（小）**
US$5
蓋付きの小物入れはアクセサリー入れにも

Ⓐ **カップ＆ソーサー**
US$15
カップとソーサーがセットになっている

Ⓑ Trung Thanh Ceramic
チュン・タイン・セラミック

色合いがステキな作品たちが魅力

広い店内には、同じ形でも色違いの商品が数多く並んでいます。淡い色や少しくすんだ色など、土の温かみを感じさせる色合いが魅力です。

［バッチャン］☎ 094-546-3436 🏠 207 Thôn 3 Giang Cao 🕗 8:00～20:00 🔒 無休 📍 市場から車で約5分
カード ○ 英語

Ⓐ Bát Tràng Conservation
バッチャン・コンサベーション

店内に工房も併設する大型ショップ

4フロアあり、1～2階はおみやげにちょうどいい日常使いの器、3階はアンティーク、4階は工房になっており、見学も可能です。

［バッチャン］☎ 024-3671-5215 🏠 67, Xóm 6, Giang Cao 🕗 8:00～20:00 🔒 無休 📍 市場から車で約7分
カード ○ 英語 日本語

何して過ごす？
ハノイのロカナビ。

LOCAL NAVI in the Ha Noi

ハノイの街を朝から夜まで楽しむために、旅のプランを考えましょう。

NIGHT OF HANOI

夜のハノイ、何して過ごす？

1 夜限定の絶品フォーがスゴイ！

夜のみオープンの知る人ぞ知る人気店。汁なしの鶏肉フォー4万VNDが絶品です。

Phở Hạnh
フォー・ハン

[旧市街] MAP P.183 C-3
☎ 091-5340-341 65A Lãn Ông 18:00～23:00 無休 ドンスアン市場から徒歩約6分 カード ×

2 ナイトマーケットへ

金～日曜の週末限定。旧市街のナイトマーケット（MAP P.182 D-3）は、ハンダオ通りとドンスアン市場で開かれます。時間は18～23時頃。

CAFE

大教会の目の前にあるカフェへ！

ベトナム全土にある人気店、コン・カフェのなかでも、絶好のロケーションにあるのがこちら。ハノイ大教会（→P.126）を目の前に望みます。特等席は店の前の路上席（？）！

Cộng Cà Phê
コン・カフェ

[ホアンキエム湖周辺]
MAP P.182 D-5 ☎ 086-935-3605 27 Nhà Thờ
7:30～23:30 無休
大教会から徒歩約1分
カード ○ 英語

塩レモンソーダ4万5000VNDなど

PHOTO GENIC

蓮池で変身写真！

タイ湖のほとりの蓮池は、アオザイなどのベトナムの伝統衣装を着て記念写真が撮れる写真スポットとして、女子に人気です。蓮池の入場料は3万VND。MAP P.183 A-3

OLD TOWN

ハノイ旧市街の歩き方

1 問屋街を冷やかしてみる

旧市街は日用雑貨などを売る問屋が軒を連ねています。レトロなキッチン雑貨など、ばら売りOKの雑貨を探してみて。

2 食べ歩きグルメや休憩スポットを押さえる

街歩きの途中に屋台スイーツや路上カフェで休憩。ハノイ発祥のフルーツかき氷、ホア・クア・ザム（→P.128）はぜひ。

3 シクロの勧誘に引っかかってみるのもアリ

街のいたるところでシクロのおじさんに勧誘を受けます。旧市街は路地が入り組み歩くのが大変なので、ぐるっと一周してもらうのもいいかも。

4 おまけもアリの市場を物色する

ドンスアン市場でプチプライスなベトナム雑貨探し。まとめ買いで値引きしてくれることもあります。

HOW TO STAY

宿選びのポイントは立地にアリ！

旧市街は飲食店やショップが多く夜遅くまでにぎやか。タイ湖周辺には街なかから離れたリトリートなホテルがあります。どのように過ごしたいかでホテルの立地を選びましょう。

Chinese Assembly Hall

Moon Café

Mi Quang

Vien Kieu Bridge

Vietnamese Tea

Hoi An Maeket

1 hour 20 minutes from Ho Chi Minh

The Resort stay *guide*

Da Nang / Hoi an / Hue

ダナン　ホイアン　フエ

ベトナム中部リゾートエリアで
贅沢バカンス

Vietnamese Coffee

Da Navg
Cathedral

Banh Mi

Rong Bridge

Bun Cha Ca

Han Market

\ ホーチミンから ✈ 1時間20分 /

Da Nang & Hoi An

3 Days Perfect Planning

今注目のベトナム中部の街、ダナン＆ホイアン。
ホーチミン滞在にプラス３日でリゾートステイを満喫できます。

Planning:

Day1

“到着したらリゾートへ直行！ 楽園すぎるステイを満喫♡。”

ダナン国際空港に到着したら、空港からグラブまたはタクシーでホテルに直行！ ホテル予約時に空港からの送迎車（有料）を頼んでおくのも◎です。海辺のリゾートホテルにチェックインしたら、その日はそのままホテル内でまったり。ビーチやプールサイドで読書をしたり、ホテル内のレストランでディナーをしたり、旅の疲れを癒しましょう。

pm ダナン空港到着

16:00 海辺のリゾートにチェックイン →P.150

17:00 プールサイドでのんびり過ごす

18:00 ホテル内のレストランでディナー

気候

乾季は1～8月

9～12月は雨季で降水量が多い。1～8月は乾季で雨は少ないですが、7～8月は猛暑に。

アクセス

日本から

ダナンとフエに国際空港があります。ダナンへは日本からの直行便もあり、成田空港と関西国際空港から直行便も運航しています。

ベトナム国内から

ホーチミンやハノイからダナン＆フエに多くの国内線が運航。所要時間は1時間20分程度。

ダナン空港から

ダナン空港からダナンの街なかへは車で約10分。ホイアンへは約1時間、フエへは約3時間かかります。

ダナン→ホイアンは

ダナンからホイアンへの交通手段は車のみ。ダナン中心部からホイアン旧市街へは車で約45分。ベトナム国内の移動については→P.174へ。

Planning:

Day2

“夜も楽しいゲートウェイシティで買い物＆カフェめぐり”

2日目はホテルで朝食をとってからダナンの中心部へ。街から離れたホテルの場合、無料シャトルバスが出ているところが多いです。途中、ビーチで海を眺めたり、シーフードランチを味わったり…。大聖堂がシンボルのダナンの中心部は、ショップやカフェが集まっており、徒歩で散策できます。ミーケー・ビーチ周辺には人気カフェも！

- **10:00** ミーケー・ビーチでリゾート気分MAX →P.157
- **12:00** 海辺のレストランでシーフード料理 →P.159
- **13:30** ピンクの教会、ダナン大聖堂とご対面 →P.157
- **14:00** ローカル市場をチェック →P.157
- **16:00** 人気カフェでひと休み →P.160
- **18:00** 夜食街でローカルグルメを満喫 →P.157

Planning:

Day3

“絵になるホイアン旧市街で可愛いもの探し＆ナイトマーケット！”

最終日はホイアン旧市街へ。見学スポットやレストラン、カフェ、ショップがコンパクトに集まっています。ランタンに火が灯る夜の旧市街を満喫したあとは、ホテルで荷物をピックアップして車で空港へ。深夜便で帰国します。

- **09:00** 朝ごはんは絶品バイン・ミー！ →P.163
- **10:00** チケットを買って、旧市街を散策 →P.162
- **11:00** 心落ち着く中国建築をめぐる →P.163
- **12:30** 名物グルメ、カオ・ラウを賞味 →P.164
- **14:00** 自分みやげを探す →P.168
- **16:00** くつろぎカフェでのんびり過ごす →P.166
- **18:00** ナイトマーケットで盛り上がる！ →P.171
- 深夜便で日本へ帰国

ダナン　ホイアン

Da Nang & Hoi an Best Hotels

最上級極上リゾートホテルへ

ショップ併設のおしゃれな店や、リバービューが素敵な
川沿いの店など、今、ダナンで人気の旬なカフェへ！

南国の自然に癒される リトリートな楽園リゾートへ

今、世界中から熱視線を集めるベトナム中部のリゾートエリア。亜熱帯の森や海など自然との融合、過剰すぎずさりげなく行き届いたサービスなど、ベトナムだからこその心地よさが魅力です。さらに、世界中に展開する5つ星のハイブランドホテルも、日本やヨーロッパと比べて低価格。ドメスティックブランドの4つ星リゾートなら、プールやスパなど文句なしの設備が整い1人2万円台～で満喫できてしまうのが嬉しいところです。

なかでも「フュージョン・マイア」は全室プール付きのプライベートヴィラに、1日2回、スパがフリーになるなど、最強のウェルネスリゾートとしてオトナ女子に絶大な人気。隠れ家のような楽園リゾートで、究極の癒しを体験しましょう。

Recommend HOTEL.01

Fusion Maia Da Nang

1日2回のホテルスパで癒され度200%なステイ

☆☆☆☆☆

Favorite *scene*

Morning

お部屋で。
プールサイドで。
エニープレイスな朝食を

朝食はダイニング、プールサイド、ビーチなど、好きな場所をリクエストできます。

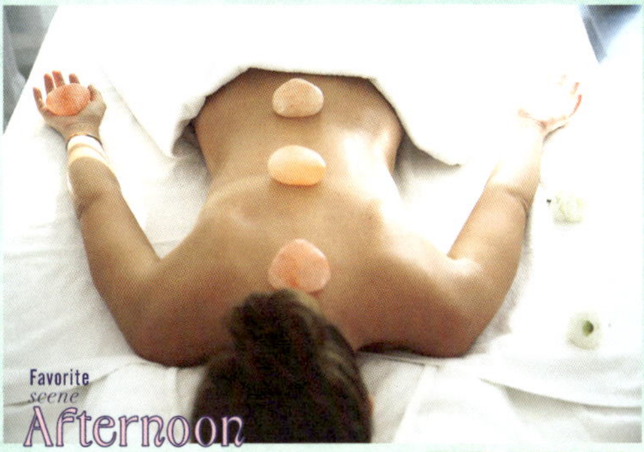

Favorite *scene*

Afternoon

1日2回受けられるスパは
静かなヴィラで

ヨガや瞑想など、日替わりのプログラムも無料で受けられます。

Favorite *scene*

Noon

ビーチやプールで遊んだあとは
カジュアルでもハイクオリティな
ランチが楽しみ

パステルカラーが可愛いダイニングは2カ所あります。

Favorite *scene*

Sunrise

ビーチやプールサイドで
誰にも邪魔されないひと時

ミーケー・ビーチに面するインフィニティプール。水平線から太陽が昇る早朝は絶景です。

ダナン

Fusion Maia Da Nang

フュージョン・マイア・ダナン

MAP P.184 F-2 ☎0236-3967-999 🏠109 Võ Nguyên Giáp, Khuê Mỹ, Ngũ Hành Sơn IN 14:00 OUT 12:00 室87 料986万5000VND～ 📍ダナン空港から車で約15分

Reccommend HOTEL_02 すべてがスペシャルな憧れの〝フォーシーズンズ〟☆☆☆☆☆

Four Seasons Resort the Nam Hai

Favorite *scene*

Afternoon

蓮池に浮かぶヴィラで 至福の癒し体験

施術後はソファスペースでのんびりと時間を過ごせます。

Favorite *scene*

Morning

ブュッフェとアラカルトメニューで 贅沢な目覚めの朝ごはん

ビュッフェのほか、できたてを味わえるアラカルトをオーダー可能。

Favorite *scene*

Noon

海を望む3つの インフィニティプール

パブリックエリアにはビーチを望むプールが。ビーチにはバーも。

ホイアン

Four Seasons Resort the Nam Hai

フォーシーズンズ・リゾート・ザ・ナムハイ

静寂に包まれる隠れ家リゾート

風水を取り入れた100棟のヴィラは、広さ80～590㎡と贅沢な造り。アンティーク調の調度品やヒンドゥー教の装飾が、洗練された空間を演出しています。スパは蓮池のほとりのプライベートヴィラで。

MAP P.184 F-2 ☎0235-394-0000 Block Ha My Dong B, Dien Duong Ward, Dien Ban IN 14:00 OUT 12:00 室 100 料 2700万VND～ ダナン空港から車で約35分

Naman Retreat

Reccommend HOTEL_03 隠れ家リゾートで究極のリトリートを体験 ☆☆☆☆☆

Favorite scene
Morning

熱帯植物が茂る
小径を歩いて
朝食レストランへ

早朝の散策が心地よい緑豊かな敷地内。朝食は竹を使ったモダン建築のレストランでいただきます。

Favorite scene
Afternoon

ビーチを望むソファや
プールサイドで
のんびり過ごす

メインプールの向こうには、ビーチを眺めながらいつでも寛げるソファエリアが用意されています。

Naman Retreat

ダナン

ナマン・リトリート

自然に包まれるおこもり系リゾート

海に面した広大な亜熱帯のガーデンに、竹や籐など自然の素材を取り入れたモダン建築が点在。客室は専用プール付きのヴィラや別荘のようなレジデンスタイプがあります。スパ施設やヨガプログラムも。

MAP P.184 F-2 ☎0236-395-9888
Trường Sa, Ngu Hanh Son IN 14:00 OUT 12:00 室251 ㊫312万VND～ ダナン空港から車で約30分

Favorite scene
Evening

日没後は
リゾートムード
MAXに！

水上に浮かぶレストランやプールがライトアップ！

Reccommend HOTEL_04 可愛いフレンチコロニアルスタイルの宿 ★★★★☆

Anantara Hoi An Resort

Favorite *scene*

Morning

光あふれる
ダイニングで
朝食から
一日をスタート

コロニアルスタイルのメインダイニングで贅沢な朝食ブュッフェ。

Favorite *scene*

Noon

静かな中庭プールや
スパで午後のひと時を過ごす

客室棟に囲まれた、中庭の静かなプール。プールバーも利用できます。

Favorite *scene*

Evening

ゆったりイスがある
客室のポーチが心地よすぎる!

客室棟もコロニアル建築。ポーチにはソファやブランコのような快適チェアが。

Anantara Hoi An Resort

アナンタラ・ホイアン・リゾート

ホイアン

川のほとりに佇む可愛いホテル

旧市街まで徒歩10分。緑あふれる敷地内にコロニアル建築の客室棟、レストラン、スパが点在しています。ヨガクラスは毎朝無料で開催し、オプションでリバークルーズにも参加可能。

MAP P.184 F-3 ☎0235-391-4555 🏠1 Phạm Hồng Thái IN 14:00 OUT 12:00 室92 料684万VND〜 📍ダナン空港から車で約1時間

Victoria Hoi An Beach Resort & Spa

Reccommend HOTEL_05 コスパ最強なリゾートならココ。 ☆☆☆☆☆

1 ガーデンビューやオーシャンビューなどの客室棟が点在。プライベートビーチも 2 海を望むプールサイドにはカフェスペースも 3 中国風の洗練されたインテリア 4 ウェルカムドリンク

Victoria Hoi An Beach Resort & Spa

ホイアン

ヴィクトリア・ホイアン・ビーチ・リゾート＆スパ

料理の美味しさもポイント高！

フレンチコロニアルや中国風など、ホイアンらしい建築が異国情緒を感じさせます。スパ施設内のジェットバスやサウナは無料で利用可能。ダイニングでは食べ放題のサンデーブランチが人気です。

MAP P.184 F-3 ☎0235-3927-040 Biển, Âu Cơ, Cửa Đại IN 14:00 OUT 12:00 室 109 料234万VND～ ダナン空港から車で約45分

Lantana Riverside Hoi An

Reccommend HOTEL_06 穏やかな川の流れに癒される。 ☆☆☆☆☆

1 クラシックなインテリアの「デラックスリバー」 2 旧市街までシャトルバスも 3 夕暮れ時は絶景。川ビューなしの部屋もあるので注意 4 フローティングブレックファーストもリクエスト可能

Lantana Riverside Hoi An Boutique Hotel & Spa

ホイアン

ランタナ・リバーサイド・ホイアン・ブティック・ホテル＆スパ

トゥホン川を望むリバーサイドホテル

旧市街からひと足のばした静かな川のほとりにあります。トゥボン川を眺められるバルコニー付きの客室が人気で、カジュアルな雰囲気ながらレストランやスパも併設。レストランの中には小さなプールも。

MAP P.184 F-3 ☎023-5393-7668 52 Huyền Trân Công Chúa IN 14:00 OUT 12:00 室 33 料公式サイトを確認 ダナン空港から車で約50分

1

ダナン

Da Nang city center

中部リゾートエリアのゲートウェイシティ

ダナンシティをぐるっと散策♪

夜遅くまで楽しめる リゾートエリアの玄関口

ダナン空港から車で10分ほどのダナン中心部。大聖堂を中心に市場やホテル、ショップ、レストランなどが集まっています。夜は、ハン川に架かる龍をモチーフにしたロン橋がライトアップされ、夜遅くまで営業するレストランやバー、ローカルフードの店が並ぶ夜食街などで一層にぎやかに。

市内は徒歩で回れますが、ビーチやシーフードレストラン、リゾートホテルのある海沿いエリアへはロン橋を渡って車で約10～15分ほどかかります。

4

2

5

3

1 ハン川沿いは南国リゾートの雰囲気　2 街なかから少し離れたミーケー・ビーチへは車で　3 深夜まで活気付くダナン中心部　4 ビーチ周辺には海を望むシーフードレストランが多数　5 街のシンボル、ダナン大聖堂

ダナンで行っておきたいBEST5

A ダナン大聖堂

Nhà Thờ Đà Nẵng

1923年に建てられたピンクの教会

フランス統治時代の教会。平日17時からミサがあり、始まるまでの10分間は内部の見学も可能です。

[ダナン中心部] MAP P.185 C-2 156 Trần Phú 7:00～18:00 無休 料 無料 ハン市場から徒歩約5分

B ハン市場

Chợ Hàn

ダナン2大市場の一つがココ!

雑貨や食料品などのおみやげが買えます。地元向けのコン市場（MAP P.185 B-3）はダナン最大。

[ダナン中心部] MAP P.185 C-2 119 Trần Phú 6:00～17:00 無休 ダナン大聖堂から徒歩約5分

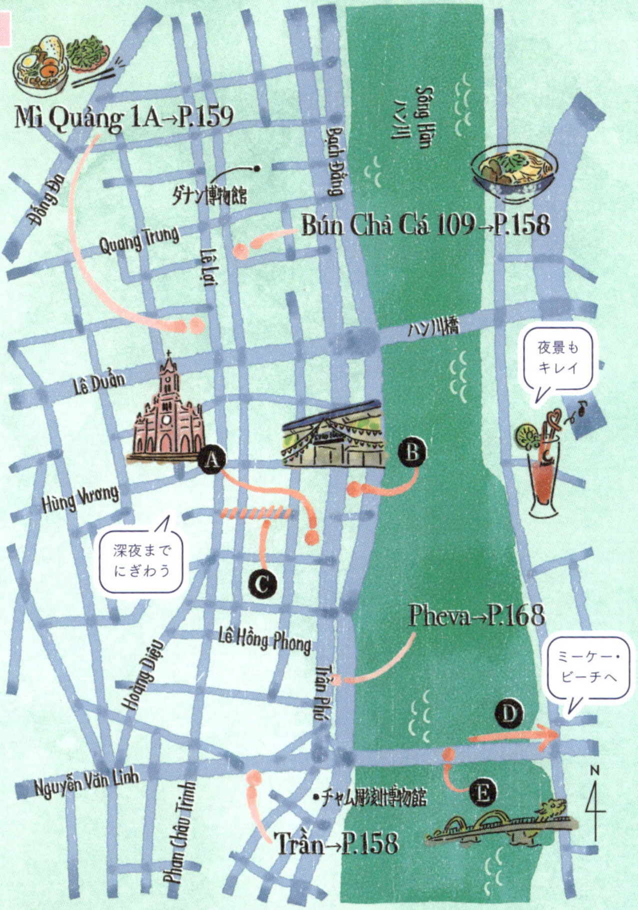

C ファン・ホン・タイ通り

Phạm Hồng Thái

ローカルなフードストリートへ

夕方17時頃から深夜までにぎわう、レストランや屋台が並ぶ通り。チェーなどスイーツの店も。

[ダナン中心部] MAP P.185 B-2 Phạm Hồng Thái ダナン大聖堂から徒歩約2分

D ミーケー・ビーチ

Biển Mỹ Khê

トロピカルリゾート感100%!

藁葺きのパラソルが南国ムードを誘う海水浴場。周辺はリゾートホテルやレストランが多数。

[ミーケー・ビーチ周辺] MAP P.185 A-3 ダナン大聖堂から車で約10分

E ロン橋

Cầu Rồng

通称“ドラゴンブリッジ”!

ハン川に架かる600m以上もの大橋。金・土・日曜の21時から、ドラゴンが口から火を噴くイベントも。

[ダナン中心部] MAP P.185 C-3 ダナン大聖堂から徒歩約11分

Da Nang《ダナン》 best lunch

ランチもディナーもOKな名物料理！

ダナンのお昼ごはんBEST4

街歩きの合間に立ち寄りたい、ダナンならではの名物料理が味わえる食堂や、海の街ならではのシーフードを満喫しましょう。

Bún Chả Cá(Tô Nhỏ)
ブン・チャー・カー（小）
2万5000VND

トマトやパイナップルが入った酸味のあるスープがクセになる

ダナンの名物料理といえば
“酸っぱオイシイ”コレで決まり！

お昼時、店内は地元の人でいっぱいに

1 Bún Chả Cá 109
ブン・チャー・カー 109

地元の人が足しげく通うローカル食堂

魚介のさつま揚げが入った米粉の麺料理、ブン・チャー・カーはダナンの名物グルメ。数ある専門店のなかでも評判の食堂がココです。

[ダナン中心部] MAP P.185 B-1 ☎094-571-3171 🏠109 Nguyễn Chí Thanh ⏰6:30～22:00 🔓無休 📍ダナン大聖堂から徒歩約13分 カード×

2 Trần
チャン

オープンエアの人気レストラン

たっぷりのハーブと豚肉をライスペーパーで巻いて味わう春巻きが看板メニューの有名レストラン。

[ダナン中心部] MAP P.185 B-3 ☎090-500-3122 🏠11 Nguyễn Văn Linh ⏰7:00～22:00 🔓無休 📍ダナン大聖堂から徒歩約12分 カード× 英語

もはやダナンの名物グルメな
豚肉のライスペーパー巻き

Bặc Sản Trần Bắc Biệt
豚の春巻き
18万9000VND

カタクチイワシを発酵させたマンネムというソースがポイント

1 自分で巻いて食べるのが楽しい 2 バジル、ミントなど大量のハーブとともに！

Steamed Shell
ハマグリのレモングラス蒸し
12万5000VND(500g)

レモングラスやバジルで蒸したピリ辛のハマグリもおすすめ

Grilled Shrimp
エビのニンニク炒め
40万VND(500g)

エビの食感と旨みをダイレクトに味わうシンプルイズベストなひと品

通りを挟んでビーチを望む絶好のロケーション

ミーケー・ビーチを望む特等席で
シーフードを食べ尽くし!

3 Thanh Hiền 2
タイン・ヒエン 2

安くて美味しいと地元民も太鼓判

海を望むシーフードレストラン。エビやハマグリ、カニなど新鮮な魚介がそろい、値段は時価。

[ミーケー・ビーチ周辺] MAP P.185 A-3 ☎090-595-9469 🏠254 Võ Nguyên Giáp 🕘10:00~翌1:00頃 🔒無休 📍ダナン大聖堂から車で約10分 カード○

地元客が多く、味はお墨付き

メニューはミー・クアンだけ!

4 Mì Quảng 1A
ミー・クアン1A

ダナンの家庭料理を食堂で

きしめんのような幅の広い麺(ミー)に具材やタレをからめて味わう汁なし麺、ミー・クアンの専門店。

[ダナン中心部] MAP P.185 B-1 ☎0236-382-7936 🏠1 Hải Phòng 🕘6:00~21:00 🔒無休 📍ダナン大聖堂から徒歩約13分 カード×

「スペシャル」はエビ、豚肉、鶏肉、卵などの具材全部のせバージョン

Mì Quảng(Đặc Biệt)
ミー・クアン(スペシャル)
5万VND

具だくさんの名物麺料理
ミー・クアンの有名店がココ

ダナン

Da Nang best cafe

異国情緒溢れるロケーションも魅力

オシャカフェでチルアウトしたい！

素敵なカフェを探すなら、ダナン中心部から車で約10分のミーケー・ビーチ周辺が狙い目です！

テラスでくつろげる
アーチが素敵なチルなカフェ

カフェ・ケム・ムオイ４万VNDはアイス入りの塩コーヒー

1 大通りに面する真っ白な外観が目印
2 パラソルがあるテラス席が特等席

1 Login Coffee

ログイン・コーヒー

広いテラスでのんびり過ごす♪

リゾート感満点の広いテラスや、天井の高い開放的な店内で静かに過ごせます。おすすめはオレンジ色のアーチが可愛い回廊部分！

[ミーケー・ビーチ周辺] MAP P.185 B-4 ☎091-763-1881 120A Nguyễn Văn Thoại 6:30～23:00 無休 ダナン大聖堂から車で約10分 カード× 英語

まるでモロッコみたい?
可愛い写真スポットがあるカフェへ

1

2 Cửa Ngõ Café

クア・ゴー・カフェ

今SNSで一番人気がココ

中庭に写真スポットがある民族風カフェ。中庭はドリンクをオーダーすれば出入り自由。トロピカルドリンクとともに楽しんで。

[ミーケー・ビーチ周辺] MAP P.185 A-4 ☎098-704-9444 4 Trần Bạch Đằng 6:30～22:00 無休 ダナン大聖堂から車で約10分 カード× 英語

2

3

1 マンゴースムージー 3万9000VND 2 店内も民族調 3 ブーゲンビリアに包まれた店の入り口 4 スア・チュア・チャイ・カイ4万2000VNDはフルーツ入りのヨーグルトドリンク

4

ホイアン

Hoi An old town

共通チケットを買って楽しもう♪

フォトジェニックな世界遺産エリアを散策

2

3

4

1

1 ホイアン旧市街にはベトナム、中国、日本の建築様式が混在した建物が立ち並ぶ 2 夏はいたるところでブーゲンビリアが咲く 3 シクロで旧市街を回るのもおすすめ 4 螺鈿細工など歴史的建造物の装飾が美しいタンキーの家

昼も夜も美しいホイアンのヒストリカルエリア

トゥボン川の河口付近にあるホイアン旧市街は、16～17世紀頃に建設された木造建築が残る美しい街並みで、世界遺産に登録されています。かつて国際的な港町として栄え、日本人街や中国人街が造られたことから、日・中の文化が混在する古い建物が残されています。旧市街にある歴史的建造物の見学は、5施設で使える共通チケットが必要。エリア周辺のチケット売り場で12万VNDで購入できます。

通りには歴史的建造物のほか、近年おしゃれなショップやカフェも急増中で、のんびりと散策しながら一日楽しめます。

また、夜は軒先に飾られたランタンがライトアップ。街全体が幻想的な光に包まれます。さらに旧市街からアンホイ橋を渡った中島、アンホイ島では毎晩ナイトマーケットが開かれ、屋台が出るなど夜遅くまで多くの人でにぎわいます。

C 来遠橋近くの路上カフェ

Cầu Viễn Kiều

街歩きの休憩は路上カフェで

来遠橋からすぐ。ベトナムでは定番の塩漬けレモンと砂糖入りのドリンクNước Chanh Muốiは1万VND。

[ホイアン旧市街] MAP P.184 D-5 🏠186 Trần Phú ⏲6:00～18:00 🔒不定休 📍来遠橋から徒歩約1分 カード×

B 福建會館

Hội Quán Phúc Kiến

中国式のカラフルな装飾が美しい

17世紀に、福建省から渡ってきた華僑の集会所として建設されました。内部には航海の安全を祈る祭壇が。

[ホイアン旧市街] MAP P.184 E-4 🏠46 Trần Phú ⏲8:00～17:30 🔒無休 ㊕共通チケット12万VND 📍来遠橋から徒歩約7分

A Bánh Mì Phượng

バイン・ミー・フーン

ベトナム一と名高いバイン・ミー

旧市街の外れにあるローカルな店。朝からバイン・ミー 3万5000VNDを求めて行列ができます。

[ホイアン旧市街] MAP P.184 F-4 ☎090-5743-773 🏠2B Phan Châu Trinh ⏲6:30～21:00 🔒不定休(月1回) 📍来遠橋から徒歩約10分 カード× 英語

E 来遠橋（日本橋）

Cầu Viễn Kiều

別名“日本橋”はホイアンのシンボル

1593年に日本人によって架けられたという屋根付きの石造りの橋。2万ドン紙幣にも描かれています。

[ホイアン旧市街] MAP P.184 D-5 ⏲7:00～18:00(通行は24時間可) 🔒無休 ㊕共通チケット12万VND(内部見学) 📍ホイアン市場から徒歩約8分 ※2024年10月現在修復中で見学不可

D 廣勝家（クアンタンの家）

Nhà Cổ Quân Thắng

築300年の木造平屋建て民家

間口が狭く奥行きのある木造古民家を見学。奥の炊事場ではできたてのホワイトローズ5万VNDを味わえます。

[ホイアン旧市街] MAP P.184 E-5 🏠77 Trần Phú ⏲7:00～19:00 🔒無休 ㊕共通チケット12万VND 📍来遠橋から徒歩約5分

ホイアン

Hoi An best lunch

間違いなしの名物料理から空間が素敵なレストランまで

ホイアンのお昼ごはんBEST4

ホイアン名物のカオ・ラウなら

地元の人気食堂で！

Cao Lầu
カオ・ラウ
3万VND

米粉の太麺に甘辛いタレをあえて味わう汁なし麺

ダナン名物ミー・クアン3万VNDも人気

1 Hai
ハイ

創業25年の家族経営の店

伊勢うどんがルーツともいわれるホイアンの麺料理、カオ・ラウが看板メニューのローカル食堂。

[ホイアン旧市街] MAP P.184 F-5 ☎090-599-8424 🏠6A Trương Minh Lượng 🕒7:30～21:00 🔒不定休 📍来遠橋から徒歩約15分 カード× 英語

地元民で行列ができる

ホイアン風コム・ガーの有名店

セットのパクチーのスープと一緒にいただく

2 Bà Buội
バー・ブーイ

オープンと同時に満席に！

毎日150羽の鶏を使って作るホイアンの下町料理、コム・ガーは、鶏のダシで炊いたチキンライス。

[ホイアン旧市街] MAP P.184 E-4 ☎090-576-7999 🏠22 Phan Chu Trinh 🕒10:00～14:00、16:00～20:00 🔒無休 📍来遠橋から徒歩約7分 カード×

Cơm Gà
コム・ガー
3万5000VND

ターメリックで色付けした鶏の炊き込みご飯。パパイヤサラダ付き

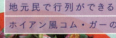

旧市街のレストランで
洗練されたベトナム料理を

Gỏi Bưởi Trộn Mực Và Mực Nướng
ザボンとイカのサラダ
10万9000ND

柑橘フルーツのザボンと新鮮なシーフードを使ったさっぱり味のサラダ

アンティークの陶器が飾られた店内

2階のテラス席からは旧市街の通りを見下ろせる

3 Little Faifo
リトル・ファイフォ

モダンなベトナム料理ならココで

古民家を利用した落ち着いた空間が魅力。2フロアある店内で、白ワインに合うモダンベトナミーズを。

[ホイアン旧市街] MAP P.184 E-5 ☎0235-391-7444 66 Nguyễn Thái Học 9:00～22:00 無休 来遠橋から徒歩約5分 カード○ 英語

野菜の餡がのった熱々の揚げワンタンも人気。4個で10万VND

おやつとしても人気の
ホワイト・ローズを賞味

White Rose
ホワイト・ローズ
7万VND

プルプル触感の米粉の生地にエビのすり身を包んで蒸したもの

4 White Rose
ホワイト・ローズ

ホイアン名物ホワイト・ローズで有名

創業100年の老舗。店内で1日5000～6000個手作りするというホワイト・ローズを味わえます。

[ホイアン旧市街] MAP P.184 D-3 ☎090-301-0986 533 Hai Bà Trưng 7:30～20:30 無休 来遠橋から徒歩約12分 カード× 英語

ホイアン

Hoi An best cafe

歴史地区ならではのステキ空間で！

旧市街カフェで非日常を満喫

時間を忘れて
のんびりできる
旧市街カフェでチルアウト

旧市街には、ホイアンの古い建物を利用したくつろぎカフェが多数。旅行者でにぎわう表通り沿いにありながら、静かに憩えるカフェは、散策の途中に立ち寄るのにぴったりです。

こだわりコーヒーの店や静寂が心地よい「サイレントカフェ」など、数あるなかでもオススメのお店がこちら。

2

3

1 旧市街の通りを眺められる特等席 2 Thẩm Tra Việtハン・チャー・ヴィエット14万7000VNDは3種のお茶を選べる 3 オーダーは筆談で

1

Reaching Out

リーチング・アウト

静けさを楽しむティーハウス

盲ろう者などの支援をする団体が経営する店。注文はテーブルに置いてあるメモやスタンプで。静けさが心地よい空間です。

[ホイアン旧市街] MAP P.184 D-5 ☎0235-3910-168 131 Trần Phú 8:00～20:30 無休 来遠橋から徒歩約2分 カード× 英語

中国風インテリアが可愛い
静寂の「サイレントカフェ」

1

自家焙煎コーヒーの香りに包まれる
コーヒーラバーにオススメの店

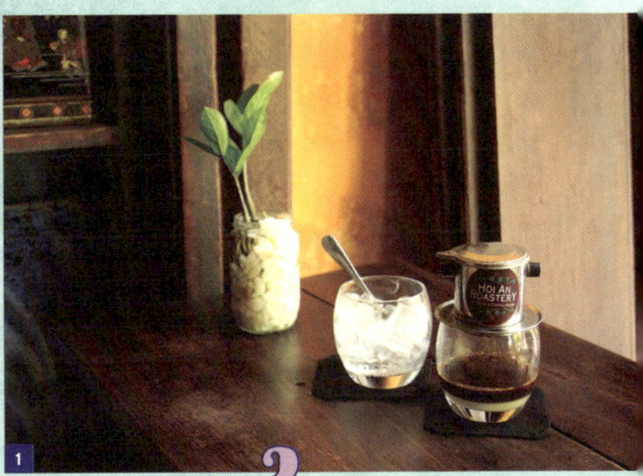

1 ベトナム式アイスコーヒーのカフェ・スア・ダーは5万9000VND
2 店内は2フロアある

2 Hoi An Roastery

ホイアン・ロースタリー

ホイアン発の人気カフェがココ

ホイアンだけでも7店あり、ベトナム産コーヒー豆を自家焙煎しています。テイクアウト用も販売。

[ホイアン旧市街] MAP P.184 D-5 ☎ 0235-3927-772 89 Trần Phú 8:00～21:00 無休 来遠橋から徒歩約3分 カード○ 英語

4 Mót Hội An

モット・ホイアン

テイクアウトもOK

５種類以上のハーブとライムが入ったハーブティーで人気のカフェ。カオラウなどランチメニューも。

[ホイアン旧市街] MAP P.184 D-5 ☎ 090-191-3399 150 Trần Phú 8:00～22:00 無休 来遠橋から徒歩約2分 カード○ 英語

1 ライム入りですっきりとした味わい 2 ハーブティーのヌック・タオ・モック・サーチャン１万8000VND

蓮の花びらを飾った
ハーブティーが大人気

ホイアン旧市街を見下ろす
穴場カフェ

3 92 Station Cafe

92 ステーション・カフェ

屋上は絶好の写真スポット

3フロアあり、最上階には屋上も。バルコニーや屋上から旧市街の街並みを見渡せるのが魅力です。

[ホイアン旧市街] MAP P.184 E-5 ☎ 090-506-3199 92 Trần Phú 8:00～20:00(LO19:30) 無休 来遠橋から徒歩約5分 カード○ 英語

1 旧市街を見下ろす2階のテラス席 2 ココナッツミルクたっぷりのカフェ・ドゥア5万VND

ダナン　ホイアン

Da Nang & Hoi An souvenirs

コスメもグルメみやげも!

ダナン&ホイアンで見つけたもの

B

タマヌオイル50ml 36万VND(右)、タマヌセラム5ml 56万VND ~(左)

A

ホーチミンの人気ブランド、ハンスリーベトナムのかごバッグ84万2400VND

B

タマヌオイル50%配合の熟成石けん28万VND。 洗顔のほかデリケートケアにも

A

殻付きのマカダミアナッツ5万VNDはポーチ付きで、おみやげにぴったり

C Pheva
フェーヴァ

ダナン

メイドinベトナムのチョコ

元科学研究者の仏人オーナーによるチョコレートブランド。パッケージも◎。

[ダナン中心部] MAP P.185 C-2 ☎ 0236-356-3060 🏠 239 Trần Phú ⏲ 8:00~19:00 🔓 無休 📍 ダナン大聖堂から徒歩約8分 カード ○ 英語 日本語

B taran.
タラン

ダナン　ホイアン

“奇跡の万能薬”コスメが手に入る

ベトナム原産の植物“タマヌ”から抽出される、オーガニックオイルが看板商品。

[ミーケー・ビーチ周辺] MAP P.185 C-5 ☎ 077-756-7685 🏠 16 Mỹ An 25 ⏲ 10:00 ~ 17:00 🔓 無休 📍 ダナン大聖堂から車で約10分 カード ○ 英語

※ホイアンにも店舗あり

A Sunglow
サングロー

ダナン

隠れ家みたいなセレクトショップ

オリジナル商品やベトナム各地のセレクトアイテムがセンス抜群。

[ミーケー・ビーチ周辺] MAP P.185 B-4 ☎ 083-331- 1303 🏠 2F, 15 Hoàng Kế Viêm ⏲ 11:00 ~ 19:00(土・日曜は9:00~) 🔓 火曜 📍 ダナン大聖堂から車で約20分 カード ○ 日本語

コスメもグルメも
ハイクオリティなんです！

ダナン&ホイアンのショップをハシゴして、ベトナム中部らしいアイテムを探しました！オーガニックコスメはベトナムでも注目されていて、色々なドメスティックブランドがありますが、ダナン&ホイアンの人気ブランドといえばタランです。タマヌオイル配合の美容液やオイルはアンチエイジングに効くとリピーター多数。

オーガニックフードのお店も多く、ナッツやチョコレートなどが定番アイテム。ダナン発のチョコレートブランド、フェーヴァはベトナム産カカオで作るチョコレートが美味しい！色々なフレーバーがあって飽きることがありません。カラフルなパッケージが可愛いので、プチギフトにもぴったりです。旅の記念になるホイアンらしい雑貨もお忘れなく。

ホイアンのシンボル、ランタン3万VND～はサイズやカラーなど種類が豊富

7種のハーブをブレンドしたハーバルティー6万9000VND。リラックス効果抜群

ベトナム素材のみを使うビーントゥバーチョコレート6種入り5万4000VND

ノンラーはラタニアの木の葉で編んだベトナム伝統の帽子。無地もある。6万VND

ベトナム産の有機ピーナッツを使ったピーナッツバター 9万5000VND

プリント柄の布がアクセントのかごバッグ55万VNDは、色・サイズ展開が豊富

Ⓕ Long Vỹ ロン・ヴィ

ホイアン

おみやげの定番が集結

ランタンや蓮の花のランプシェードなど、ホイアンらしい雑貨を買うならココで。

[ホイアン旧市街] MAP P.184 F-4 ☎ 090-566-4734 🏠 6 Phan Chu Trinh ⏰ 8:00～22:00 🔒 無休 📍 来遠橋から徒歩約10分 カード○ 英語

Ⓔ Coco Box ココ・ボックス

ホイアン

ヘルシーカフェのグロサリー

コールドプレスジュースが人気のカフェで、ベトナム産の食品みやげを。

[ホイアン旧市街] MAP P.184 E-5 ☎ 0236-3565-068 🏠 94 Lê Lợi ⏰ 7:00～21:00 🔒 無休 📍 来遠橋から徒歩約4分 カード○ 英語

Ⓓ CAT TRANG カッチャン

ダナン

多彩なかごバッグが勢ぞろい

日本に留学していた女性オーナーによる、トレンドを取り入れたかごバッグの店。

[ミーケー・ビーチ周辺] MAP P.185 A-4 ☎ 032-826-9062 🏠 K142/01 Nguyễn Duy Hiệu, Sơn Trà ⏰ 9:30～18:30 🔒 無休 📍 ダナン大聖堂から車で約8分 カード○ 日本語

ダナンから 約3時間

グエン朝王宮は必ず訪れたい見学スポット

ベトナム最後の王朝、
グエン朝の都へ

Huế

フエ

世界遺産にも登録された古の都へトリップ！

ダナンから北へ車で約3時間のフエは、1945年に滅亡したグエン朝の都として栄えた街。フォン川を境に街は旧市街と新市街に分かれ、ゆったりとした時間が流れる古都の風情が魅力です。街の中心から少し離れた川のほとりには帝廟や寺院が点在し、それらをめぐるリバークルーズも旅行者に人気。宮廷料理や名物料理を味わえるレストランもあり、ダナンから日帰りで楽しめます。

フエでしたい3つのこと

1 のんびりボートで川下りを体験♪ リバークルーズ体験

ドラゴンの形をした遊覧船で船旅

街の中心部からクルーズスタート！

街の中心部の発着所から乗ることができます。値段は交渉制。船のサイズにもよりますが、1人20万VNDくらい。

2 フエに来たらコレは食べなきゃ！ 地元グルメに挑戦

宮廷料理とブン・ボー・フエ

グエン朝王宮で王族のために作られた料理は、野菜やフルーツをカービングした見た目も華やかな料理。庶民派な麺料理も美味。

街の中心部には宮廷料理専門のレストランが

牛骨や豚足からとったスープに米麺が入ったブン・ボー・フエ

3 旧市街のハイライト！ グエン朝王宮を訪ねる

中国風の造りが美しい城郭内を散策

内堀と城壁に囲まれ、王宮の正殿や皇太后の住居などが点在。建物の造りは中国・北京の紫禁城がモデルといわれています。

上：宮廷舞踊が行われた劇場「閲是堂」
下：修復された中国風の朱色の回廊

何して過ごす？

ダナン　ホイアン

LOCAL NAVI in Da Nang & Hoi An

ベトナム中部の街、ダナン＆ホイアンの過ごし方のヒントがこちらです。

AT NIGHT

どこで何する？ 夜の過ごし方の正解って??

① ホイアン旧市街のランタンを眺める

ホイアン旧市街は夕方からランタンでライトアップ。旧市街から橋を渡ったアンホイ島では、ナイトマーケット（MAP P.184 D-5）が毎日17～21時に行われます。

② ダナンシティで夜遊びしてみる！

ダナンシティの中心部は、夜遅くまでにぎやか。外国人旅行者が多いのはレストランやバー、地元の人はカラオケや屋台街で盛り上がります。

③ アオ・ショーを見に行く

今ベトナムで人気なのは、ベトナムの伝統文化をアクロバティックなショーに昇華させた「アオ・ショー」！ アンホイ島に劇場があります（MAP P.184 E-5）。

TRANSPORTATION

ダナン・ホイアン周辺でスムーズに移動するには…

空港のあるダナンからホイアンまで、ダナンからフエまでなど、移動手段は基本、車のみ。タクシーまたはホテルの送迎、もしくは旅行会社で車をチャーターするなどの手段があります。配車アプリのグラブもおすすめ！

CULTURE

ミュージアムもチェック

ベトナム中部の歴史を知るならチャム彫刻博物館（MAP P.185 C-3）へ。ミーソン遺跡で発掘されたチャンパ王国の遺跡の数々を展示しています。ヒンドゥー教の石像が中心で、フランス人建築家による美しい建物も見どころです。

EXCHANGE

両替はどこでするのがお得？

両替は到着時にダナン空港で済ませておくと便利。レートが最もいいのは街なかの両替所や銀行、その次に空港やホテルですが、ホテル以外はレートに大差はないようです。日本円への再両替はレートが悪くなるので余らせないように使うのが◎です。

WORLD HERITAGE

ミーソン遺跡は世界遺産！

ミーソン遺跡（MAP P.184 E-3）はベトナム中部で6～13世紀頃に栄えたチャンパ王国の遺跡群。精巧なレンガ造りの彫刻や建物が残されています。ホイアンから車で約1時間。

⚠ CAUTION!（夜道で注意したいコト）

☑ **帰りの交通手段**

ダナンやホイアンの街からホテルに戻る際は、レストランなどでタクシーを呼んでもらうのが安心です。

☑ **交通事故やスリなど**

夜道を横断する際の接触事故には注意。市場などの人が多い場所ではスリやひったくりにも警戒しましょう。

Q. *JAPAN ——▷ VIET NAM* ベトナム入国の際に準備しておくことは？

A1. パスポートを用意

持っている人は…

- **有効期限を確認**
パスポートは、ベトナム入国時点での残存有効期間が6カ月以上必要です。

持っていない人は…

- **まずは申請を**
必要書類一式を持参して、住民登録している都道府県の窓口で申請。1週間程度で受け取れます。

A2. ビザが必要かどうかを確認

- **45日以内の観光目的なら不要**
上記の場合はビザが免除されます。ただし、入国時に帰りの航空券（eチケット）を持っていることが条件。ビザが必要な場合は日本の大使館や領事館で申請を。

- **税関申告が必要かどうかも確認**
現金US$5000あるいは同額相当外貨、または1500万VNDのいずれかを超えて所持する場合、一定量以上のアルコールやタバコについても空港で申請を。

Q. *ACCESS TO VIET NAM* 日本からベトナムへのアクセス方法は？

A1. 直行便があるのは3都市

ベトナムへの直行便はJAL、ANA、ベトナム航空の3社が運航。成田からはホーチミン、ハノイ、ダナンへ、羽田からはホーチミンとハノイへの直行便があります。

- 東京▷ホーチミン　約6時間30分
- 東京▷ハノイ　約6時間
- 東京▷ダナン　約6時間

A2. 乗り継ぎ便も一つの手

他国を経由する乗り継ぎ便は、時間や手間はかかるものの値段が抑えられるのが魅力。ベトナムの場合、台北やソウル、上海などで乗り継ぎをする便が多いです。

（注）乗り継ぎ時間には余裕を
飛行機が遅れると次の飛行機に間に合わなくなることもあるので、乗り継ぎ時間は最低3時間あると安心。

Q. *ABOUT MONEY* お金にまつわるアレコレ、教えて！

A1. まずはレートとお金の種類を把握

ベトナムの通貨はドン（VND）。1万～50万VND紙幣が主に流通しています。硬貨もありますが、現在はほとんど流通していません。

1万VND = 約58円
1000円 = 17万VND
2024年10月現在

10万VND

1万VND

20万VND

2万VND

50万VND

5万VND

A2. 両替は現地でするのがお得

ベトナムドンへの両替は、日本よりも現地のほうがレートがいいです。現地での両替は街なかの両替所が最もお得。レートと手数料を確認してから両替しましょう。一般的に現地でのレートがいい順は下記の通り。

街の両替所 ＞ 銀行 ＞ 空港の両替所 ＞ ホテル

A3. クレジットカードやATMも

- **クレジットカード**
カード会社の換算レートで、日本円で請求されます。一般的にレートは悪くなく、多額の現金を持ち歩くより安心。現地で紛失した場合はすぐに利用停止手続きを。

- **国際キャッシュカード**
海外で引き出せる国際キャッシュカードがあれば街なかにあるATMで現金を現地通貨で引き出せます。クレジットカードのキャッシングもATMで可能。ただし機械の故障などのリスクもあります。

AIR PORT ——HO CHI MINH CITY

Q. 空港からホーチミン市内へのアクセスは？

ハノイについては ➾P.122 へ　ダナン、ホイアンについては ➾P.148 へ

A2. 価格重視なら路線バス

空港出口すぐのバスターミナルから市内中心部への路線バスが運行しています。109番、152番がベンタイン市場やファングーラオ通りへ行ける路線。料金が格安なのが魅力ですが、荷物が多い場合は不便です。混雑する車内ではスリや置き引きにも注意しましょう。

市内中心部（1区）まで
7000VND ～（約40円）

A4. 安全第一なら送迎車

現地でのやりとりが心配な人は、割高ですが日本出発前にホテルや旅行会社の送迎車を予約しましょう。空港の出口で名前を書いたプレートをもって出迎えてくれ、その場で支払いの必要もないので安心です。

A1. グラブが最も安全＆安い

空港からホテルまで元も簡単かつ安く移動できるのが配車アプリ「グラブ」（下記参照）。料金は行き先やシーズンにより異なる。空港の出口を出て横断歩道を渡った、駐車場付近にグラブの乗車ポイントがあります。

A3. 空港出たらすぐ！ タクシー

空港の出口を出たところにタクシースタンドがあります。タクシーはメーター制で、メーターの料金のほかに空港使用料（1万VND）が加算されます。料金が心配な場合は、割高にはなりますが、空港内のタクシー案内所で定額制のタクシークーポンを購入するのもあり。

市内中心部（1区）まで
15万VND ～（約870円）

ABOUT TRANSPORTATION

Q. ホーチミン市内の交通手段は？？

ハノイについては ➾P.122 へ　ダナン、ホイアンについては ➾P.148 へ

A2. 最も便利なのがグラブ！

ベトナムでは配車アプリ「グラブ」が浸透しています。あらかじめ目的地を設定し、クレジットカードで決済できるので、トラブルの心配がないのがメリット。しかもタクシーより安い！ 渋滞知らずのバイクもおすすめです。会員情報とクレジットカードの登録が必要なので、日本出発前にアプリのダウンロードと初期設定を済ませましょう。

1. 行き先を入力
2. 予約を確定
3. 乗車する
4. 目的地に到着

A1. タクシーが安くて便利

初乗り料金はタクシー会社により異なりますが、1万 ～ 1万5000VND程度（約58 ～ 87円）。メーター制なので、乗車時にメーターが動いているかどうかを確認しましょう。桁数が多いので、1桁多く払わないように注意。

A5. 路線バスでチョロンへ

市内はバス路線が網羅されていますが、路線が分かりづらく主に地元民向け。チョロンに行く際は便利です。料金は1回7000VND ～。

A4. シクロ体験も1度はアリ

市場周辺など街なかに待機しています。料金は事前交渉制。強引な客引きや料金トラブルもあるので、旅行会社のシクロツアーが安心。

A3. 中心部なら徒歩で十分

渋滞が激しいホーチミン中心部は、車より徒歩のほうが早いことも!? 昼間は特に暑いので水分補給や休憩をこまめに。

A2. ローカル気分ならバイクタクシー

小回りも効いてタクシーより料金が安いのが魅力。通りの角などで客引きをしています。料金は事前交渉制で1㎞ 2万VNDくらい。

Q. ABOUT TRANSPORTATION
ベトナム国内の交通手段は？

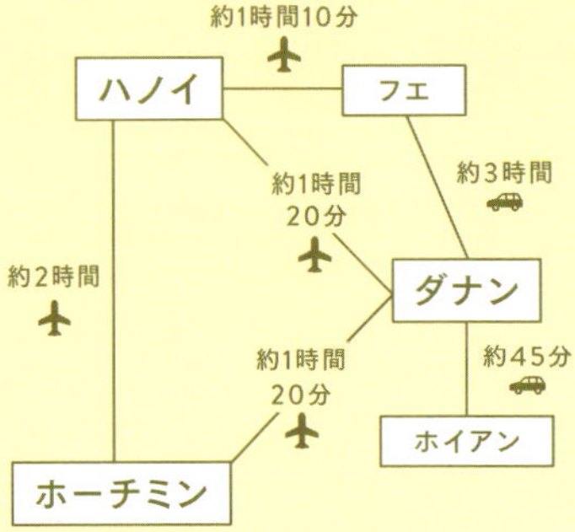

A1. 主要都市間は飛行機が便利です

ホーチミン、ハノイ、ダナン、フエなどに空港があり、国内線で移動が可能。この3都市間なら所要時間は1時間20分～2時間程度。ほかの手段としては鉄道やバスもありますが、荷物が多いことや言葉の問題もあるので、旅行者にはややハードルが高めです。

A2. 郊外の街へはチャーターカーで！

公共交通機関のない郊外の街へは、車をチャーターする必要アリ。現地旅行会社（下記）などで車と現地ドライバーを手配することができます。

Q. ABOUT LANGUAGE
最低限必要なベトナム語を予習

A1. 挨拶だけでも。指さしも有効

挨拶編

ありがとう　Cảm ơn.《カム オン》
こんにちは　Xin chào.《シン チャオ》
さようなら　Tạm biệt.《タム ビエッ》

買い物編

いくらですか？　Bao nhiêu tiền?《バオ ニュー ティエン》
これをください　Tôi mua cái này.《トイ ムア カイ ナイ》

食事編

おいしい　Ngon.《ゴーン》
お会計をお願いします　Hãy tính tiền.《ハイ ティン ティエン》
香草を入れないでください　Không lấy ngò rí.《コーン レイ ゴー リー》

単語編

1 một《モッ》　2 hai《ハイ》　3 ba《バー》
鶏肉 Gà《ガー》　牛肉 Bò《ボー》
エビ Tôm《トム》　カニ Cua《クア》
パクチー Ngò Rí《ゴー リー》　バジル Húng Quế《フン クエイ》
練乳入りコーヒー（アイス/ホット）　Cà Phê Sữa (Đá/Nóng)《カフェ スア ダー/ノン》
ティー（アイス/ホット）　Trà (Đá/Nóng)《チャー ダー/ノン》

Q. SHORT TRIP
日帰り旅はどうやって行く？

A1. 旅行会社のツアーが安心☆

車と現地ドライバーのみの手配だと英語が通じなかったり、思わぬトラブルの際に困ることも。日本の旅行会社が催行する、日本語ガイドが同行するツアーが安心。

〈 TNK & APT TRAVEL JAPAN 〉
URL www.tnkjapan.com
MAP P.177 C-5　☎ 093-893-9328　90 Bui Vien, Q.1　8：00～20：00　無休
▷P.36

Q. ABOUT MANNERS & RULES
知っておくべき現地のマナーやルールは？

ベトナムの基本情報は→P.6もチェック！

A1. テト（旧正月）は休業が多い

ベトナム最大の祝日、テトは旧暦の元日のこと。多くのレストランやショップは休みになり、前後1週間くらい休業するところも。旧暦は毎年日にちが変わりますが、例年2月中旬頃です。

A2. チップは基本的に不要

基本的にベトナムにはチップを支払う習慣がないので、ホテルやレストランでは不要です。フットマッサージ店などでは、感謝の気持ちで5～10万VNDくらい渡す場合もあります。

A3. ベトナムは社会主義の国

ベトナムは中国、ラオス、キューバなどと同様に、世界でも数少ない社会主義の国。国家や警察の権力が強く、政治批判すると罰せられます。外国人も例外ではないので覚えておきましょう。

A4. 飲み水はボトルウォーターを

ベトナムの水道の水は飲料水としては適さないので、飲み水は必ずボトルウォーターにしましょう。氷で体調を崩す人もいるので、不安な人はなるべく氷も避けましょう。

A5. 分煙の習慣はあまりない

公共施設での喫煙などの規制はありますが、あまり浸透していません。レストランやカフェなどでは最近、分煙のところも増えています。女性が喫煙することをよく思わない人が多いようです。

A6. Wi-Fiが使える店が多い

ホーチミンやハノイ、ダナンなど都市部にあるレストランやカフェは無料Wi-Fiを利用できるところが増えています。ホテルは安宿でも多くのところで無料で利用できるのが普通です。

Q. TROUBLE
旅行中のトラブル対処法を教えて！

A1. 病気やケガの場合は保険会社へ

海外旅行保険に入っている場合は、病院を利用する前にまず保険会社に連絡を。指定の病院で診察や治療を受けたあと、病院に必要な書類をもらい、再度保険会社に連絡します。手続きの流れは下記のようになりますが、会社により異なるので事前に確認しましょう。

1. 保険会社に連絡
2. 病院へ行く
3. 支払いする
4. 保険会社に再度連絡

A2. いざという時の連絡先を確認

［大使館・領事館］

●在ホーチミン日本国総領事館 ☎028-3933-3510 🏠261 Điện Biên Phủ, Q.3 MAP P.177 C-3

●在ベトナム日本国大使館（ハノイ） ☎024-3846-3000 🏠27 Liễu Giai MAP P.181 B-2

［病院］

Raffles Medical Vietnam（ホーチミン） ☎028-3824-0777（日本語可） 🏠285B Điện Biên Phủ, Q.3 MAP P.177 B-3

［緊急］ 警察☎113 救急☎115

A3. 盗難・紛失は警察に届ける

▶パスポート
大使館・領事館で再発給手続きを

まずは警察（公安）に出向いて「盗難・紛失証明書」を発行。大使館または領事館（右記）で「パスポートの新規発給」または「帰国のための渡航書の発給」の手続きをします。滞在中は念のため、パスポートの写真入りページのコピーを持っていると、もしものときに役立ちます。

▶現金・貴重品
貴重品は警察に届けて保険請求

警察（公安）に出向いて「盗難・紛失証明書」を発行してもらいます。海外旅行保険に入っている場合は、盗難・紛失にあったものによっては帰国後に補償金を請求できます。現金は補償の対象にならないことも多く、警察に届けても戻ってこないことがほとんど。

▶クレジットカード
すぐに利用停止手続きをとる

すぐにクレジットカード会社の現地または日本のサービスセンターに連絡し、無効手続きをします。その際、カード番号や有効期限が必要になるので、あらかじめコピーをとっておくのが安心。

D
E
F
1
2
3
4
5
ホーチミン全体図
0 150 300m
1:18,000
ティゲ川
Rach Thi Nghè
タイ・ホー・コー・ニョー P.35
94トゥイ P.97
Điện Biên Phủ
ディエンビエンフー通り
P.95 リハブ・ステーション
グエンティミンカイ通り
Nguyễn Thị Minh Khai
Đinh Tiên Hoàng
スタジアム
歴史博物館
ホーチミン作戦博物館
Lê Duẩn
サイゴン動植物園
ビンタイン区
Quận Bình Thạnh
Nguyễn Hữu Cảnh
ホーチミン市
人文社会科学大学
P.35 バイン・クオン・ホン・ハン
トンドゥックタン通り
バソン駅（建設中）
Ba Son
ノボテル・サイゴン・センター
ラ・スパ・デザルティスト P.63
ソーシャル・クラブ・レストラン&ルーフトップ・バー P.106
ホテル・デザール・サイゴン・Mギャラリー・コレクション
グエンフーカン通り
地下鉄1号線（建設中）
シュリ P.106
センティック・タワー
ピザ・フォーピース レタントン P.85
Tôn Đức Thắng
サイゴン川
Sông Sài Gòn
ハイバーチュン通り
スパ・インターコンチネンタル P.63
ホテル・インターコンチネンタル・サイゴン
セン・スパ P.65
P.64 アナムQTスパ
P.178-179 ホーチミン中心部
聖母マリア教会
Nhà Thờ Đức Bà
Lê Thánh Tôn
Kỳ Khởi Nghĩa
Lý Tự Trọng
Tôn Đức Thắng
トンコイ通り
会堂
nh Độc Lập
ホーチミン市
人民委員会庁舎
Trụ Sở Ủy Ban Nhân Dân Thành Phố
Hồ Chí Minh
市民劇場
Hai Bà Trưng
ホーチミン市博物館
Tàng Thành Phố Hồ Chí Minh
ホーチミン市民劇場駅（建設中）
Nhà hát Thanh pho
グエンフエ通り
レタントン通り
Đồng Khởi
トゥチョン通り
Lê Lợi
Nguyễn Huệ
トンドゥックタン通り
1区
Quận 1
レロイ通り
ベンタイン市場
Chợ Bến Thành
ハムギー通り
Hàm Nghi
ベンタイン駅（建設中）
Ben Thanh
9月23日公園
シングス・カフェ P.60
スナフボックス・ラウンジ P.107
マイチトー通り
Dường Mai Chí Thọ
トゥティム・トンネル
Thủ Thiêm Tunnel
美術博物館 P.81
14 トンタットダム・アパートメント P.44
チャンフンタオ通り
Trần Hưng Đạo
ミウ・ミウ・スパ P.65
メゾン・マルゥ P.59,77,79
カインホイ橋
コム・ガー・ハイ・ナム P.35
Yersin
ホーチミン博物館
ベンゲー運河
Rach Bến Nghé
コム・タム・トゥアン・キエウ P.53
4区
Quận 4
サイゴン・プリンセス（乗船場所）P.91

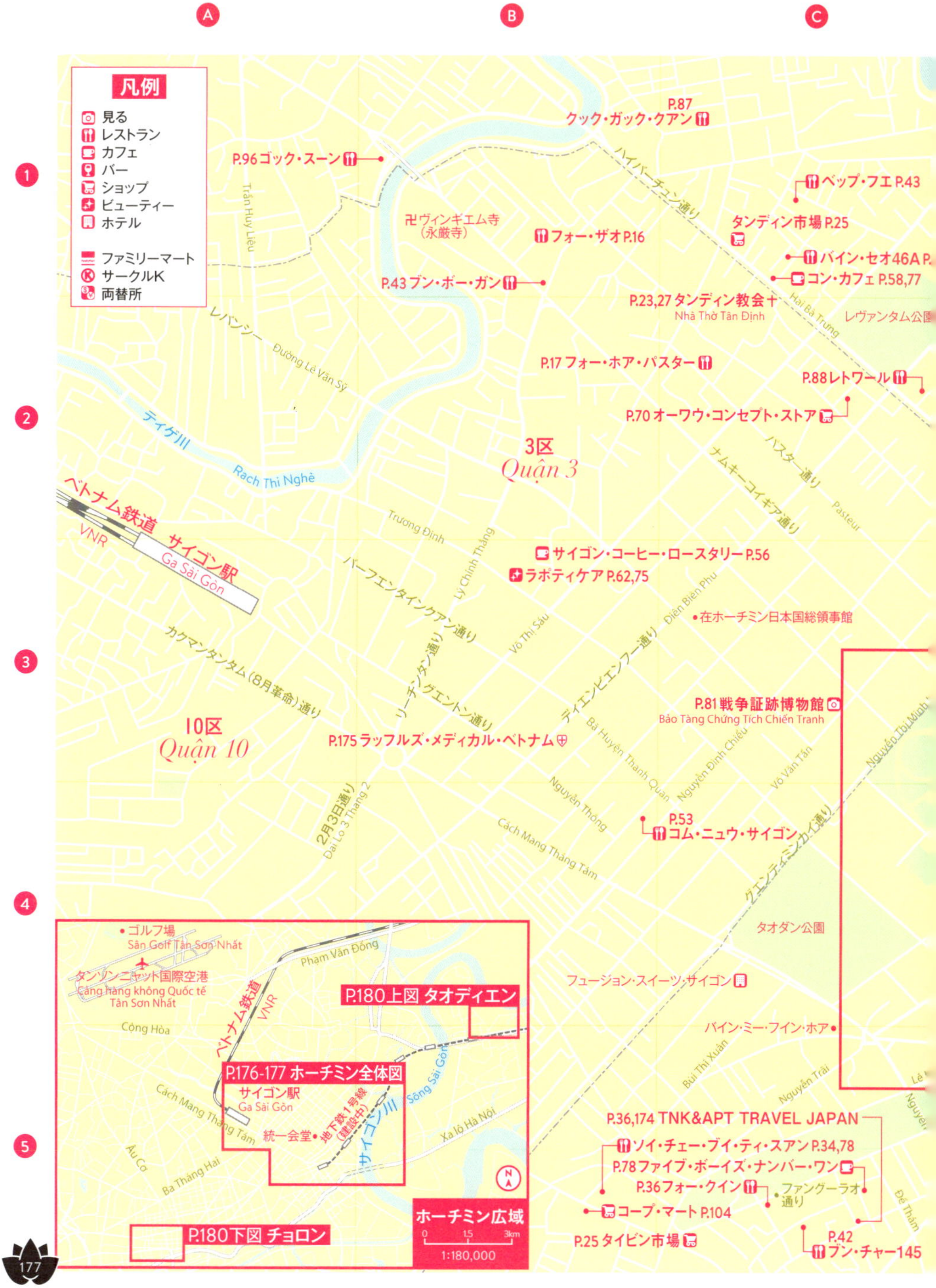
A
B
C
1
2
3
4
5
凡例
見る
レストラン
カフェ
バー
ショップ
ビューティー
ホテル
ファミリーマート
サークルK
両替所
P.87
クック・ガック・クアン
P.96ゴック・スーン
Trần Huy Liệu
ハイバーチュン通り
ベップ・フエ P.43
タンディン市場 P.25
卍ヴィンギエム寺
（永厳寺）
フォー・ザオ P.16
バイン・セオ46A P.
コン・カフェ P.58,77
P.43 ブン・ボー・ガン
P.23,27 タンディン教会
Nhà Thờ Tân Định
Hai Bà Trưng
レヴァンタム公園
レバンシー
Đường Lê Văn Sỹ
P.17 フォー・ホア・パスター
P.88 レトワール
P.70 オーワウ・コンセプト・ストア
ティゲ川
Rạch Thị Nghè
3区
Quận 3
パスター通り
ナムキーコイギア通り
Pasteur
ベトナム鉄道
VNR
サイゴン駅
Ga Sài Gòn
Trương Định
Lý Chính Thắng
サイゴン・コーヒー・ロースタリー P.56
ラポティケア P.62,75
バーフエンタインクアン通り
Điện Biên Phủ
在ホーチミン日本国総領事館
カクマンタンタム（8月革命）通り
Võ Thị Sáu
リーチンタン通り
グエントン通り
ティエンビエンフー通り
P.81 戦争証跡博物館
Bảo Tàng Chứng Tích Chiến Tranh
10区
Quận 10
P.175 ラッフルズ・メディカル・ベトナム
Bà Huyện Thanh Quan
Nguyễn Đình Chiểu
Võ Văn Tần
Nguyễn Thị Minh
2月3日通り
Đại Lộ 3 Tháng 2
Nguyễn Thông
P.53
コム・ニュウ・サイゴン
Cách Mạng Tháng Tám
グエンティミンカイ通り
タオダン公園
ゴルフ場
Sân Golf Tân Sơn Nhất
Phạm Văn Đồng
タンソンニャット国際空港
Cảng hàng không Quốc tế Tân Sơn Nhất
ベトナム鉄道
VNR
P.180上図 タオディエン
Cộng Hòa
P.176-177 ホーチミン全体図
サイゴン駅
Ga Sài Gòn
地下鉄1号線（建設中）
Sông Sài Gòn
サイゴン川
Cách Mạng Tháng Tám
統一会堂
Xa lộ Hà Nội
Âu Cơ
Ba Tháng Hai
ホーチミン広域
0 1.5 3km
1:180,000
P.180下図 チョロン
フュージョン・スイーツ・サイゴン
バイン・ミー・フイン・ホア
Bùi Thị Xuân
Nguyễn Trãi
Lê
Nguyễn
P.36,174 TNK&APT TRAVEL JAPAN
ソイ・チェー・ブイ・ティ・スアン P.34,78
P.78 ファイブ・ボーイズ・ナンバー・ワン
P.36 フォー・クイン
ファングーラオ通り
コープ・マート P.104
Đề Thám
P.25 タイビン市場
P.42
ブン・チャー145

D
E
F
1
2
3
4
5
テンプルリーフ・スパ&サウナ P.101
メルシー P.21
ル・メリディアン・サイゴン
ハイバーチュン通り
Lê Thánh Tôn
ルージーン
タイヴァンルン通り
Thái Văn Lung
地下鉄1号線（建設中）
マイ・スアン・カン P.35
P.100
ゴールデン・ロータス・トラディショナル・フットマッサージ・クラブ
Tôn Đức Thắng
Lý Tự Trọng
Hai Bà Trưng
P.101 スパ・ギャラリー
ロッテ・レジェンド・ホテル・ホーチミンシティ
9 タイヴァンルン・アパートメント P.44
バン・クアン・カフェ P.61
リベ P.45
26 リートゥーチョン・アパートメント P.45
レタントン通り
バイン・ミー 74 P.20
トンドゥックタン通り
ホア・トゥック P.86
サイゴン・クッキングクラス・バイ・ホア・トゥック P.29
ヴィンコム・センター P.80
ウィンマート P.104
リートゥチョン通り
ドンコイ通り
パーク・ハイアット
カトリーヌ・ドゥヌアル・メゾン P.69
パークソン
トンドゥックタン博物館
Đồng Khởi
ウサギ P.31
ハイバーチュン通り
コンチネンタル・サイゴン
アンナム・グルメ・マーケット
P.23,103
ホーチミン市人民委員会庁舎
Trụ Sở Ủy Ban Nhân Dân Thành Phố Hồ Chí Minh
市民劇場 P.23,103
Nhà Hát Lớn Thành Phố
ユニオン・スクエア
Hai Bà Trưng
ホー・チ・ミン像
（建設中）
ホーチミン市民劇場駅
Nhà hát Thanh pho
カラベル サイゴン
151ドンコイ・アパート
サイゴン・セントラル・モスク P.26
Lê Thánh Tôn
シェラトン サイゴン ホテル & タワーズ
P.69 ミステル
ユリ・スパ P.100
レックス・ホテル
ニュー・ロイヤル・フットマッサージ P.101
P.59,77
P.72 ディシノ
ドンコイ通り
ザ・ランニング・ビーン
チャン・フン・ダオ像
P.68
ハー・フーン
P.95
パスター・ストリート・ブリューイング・カンパニー
フェイム・ネイルズ P.21
フェリーターミナル
カティナット P.21
グエンフエ通り
グエンフエ通り
P.109 ザ・ミスト・ドンコイ
ケム・バック・ダン P.79
ロイヤル・ホテル・サイゴン
パレス・ホテル・サイゴン
ザ・クラフト・ハウス P.70,77
ルネッサンス リバーサイド ホテル サイゴン
フォー・ミン P.17
パスター通り
P.45 42 グエンフエ・アパートメント
P.45 サイゴン・オイ
P.75 ナウ・ナウ
P.80 ドッシュ・ドーナツ
グランド・ホテル・サイゴン
ラポティケア
Nguyễn Huệ
レベリー・サイゴン
P.42 タイン・スアン
キト P.66
Đồng Khởi
スリ・タンディユッタパニ寺院 P.26
ジャンボ・シーフード P.97
サイゴン プリンス ホテル
サイゴン・センター・ショッピングモール
Huỳnh Thúc Kháng
P.23,102,110
ホテル・マジェスティック・サイゴン
ホーチミン高島屋 P.80
P.108 エム・バー
アンナム・グルメ・マーケット P.77
Tôn Đức Thắng
サイゴン川
Sông Sài Gòn
Nguyễn Huệ
フィントゥックカン通り
トンタットダム通り
ナムキーコイギア通り
Nam Kỳ Khởi Nghĩa
ハイランド・コーヒー
Pasteur
P.21
オールドマーケット
ビテクスコ・フィナンシャル・タワー
サイゴン スカイデッキ
トンドゥックタン通り
P.84 アンアン・サイゴン
Tôn Thất Đạm
チャム・セー・ビット・ベンタイン
Hàm Nghi
ニュー・ラン P.34
チャム・セー・ビット・ベンタイン
ハムギー通り
Hàm Nghi

A
B
C
1
2
3
4
5
ホーチミン中心部
0 50 100m
1:6,500
N
P.23 中央郵便局
Bưu Điện Trung Tâm
P.23 聖母マリア教会
Nhà Thờ Đức Bà
P.57 ルナム・ドール
ナムキーコイギア通り
パスター通り
Nguyễn Thị Minh Khai
グエンティミンカイ通り
Nam Kỳ Khởi Nghĩa
Pasteur
グエンズー通り
Nguyễn Du
チケット売場
P.87 シークレット・ガーデン
フォー24
1区
Quận 1
P.81 統一会堂
Dinh Độc Lập
P.81 ホーチミン市博物館
Bảo Tàng Thành Phố Hồ Chí Minh
音楽学校
韓国総領事館
タオダン公園
チュンディン通り
グエンズー通り
レタントン通り
チェングエン・レジェンド・コーヒー
Trương Định
Lý Tự Trọng
P.94 イースト・ウエスト・ブリューイング・カンパニー
P.79 ベー・チェー
P.92 ナイトマーケット
P.25 ベンタイン市場
Chợ Bến Thành
レロイ通り
P.80 サイゴン・スクエア
P.40 ドン・ニャン・コム・バー・カー
Lê Thánh Tôn
リートゥチョン通り
レタントン通り
サイゴン総合病院
P.58 フェー・ラー
P.52 フォー・ベトナム
P.19 ティエン・カフェ・リン
ベンタイン駅(建設中)
Ben Thanh
ハムギー通り
ニューワールド・サイゴン・ホテル
Lê Lai
レライ通り
9月23日公園
Công Viên 23 tháng 9
ファングーラオ通り

D E F

オディエン
0 50 100m
1:9,500
サイゴン川
Sông Sài Gòn
レー・マイ・アルティザナル・ソープ P.47,74
サント・ノレ・サイゴン P.32
Lily Road
Rose Road
Orchid Road
Đường Thảo Điền
Đường K
P.89 トロワ・グルマン
Nguyễn Ư Dĩ
タオディエン
Tháo Điền
Trần Ngọc Diện
クアン・ブイ・ガーデン P.46,67
P.46
ルージーン タオディエン
P.85 フム・ガーデン&レストラン
Quang Huy
ヴェスタ・ライフスタイル&ギフツ P.47,74
Xuân Thủy
フレームツリー・バイ・ザッカ(本店)P.73
カシュー・チーズ・デリ P.47,77
ソン・ベ P.67
フレームツリー・バイ・ザッカ P.73
サイゴン・コンセプト
Đường D10
Đặng Hữu Phổ
Nguyễn Bá Lân
クアン・ブイ・ガーデン2
バン・バイ・ミア P.32
Nguyễn Duy Hiệu
Đường D1
P.113 ミア・サイゴン・ラグジュアリー・ブティック・ホテル
ビンコムメガモール タオディエン店
Vincom Mega Mall Thảo Điền
ショッピングモール
Masteri Thảo Điền CT5
地下鉄1号線(建設中)
Cầu Sài Gòn
Xa lộ Hà Nội
Cầu Sài Gòn
Song Hành
建設中)
オディエン駅
ảo Điền

1 2 3

チョロン
50 100m
1:10,500
Tân Thành
Phạm Hữu Chí
Tân Hưng
関帝廟
ホンバン通り
Hồng Bàng
Nguyễn Thi Nhỏ
P.50,78
チェー・ハー・キー(何記甜品店)
オンラン會館(溫陵會館)P.50
P.51 スイ・カオ・ダイ・ヌン(大娘水餃)
Lão Tử
5区
Quận 5
ホンバン通り
Hồng Bàng
P.50
ティエンハウ寺(天后宮)
Nguyễn Trãi
グエンチャイ通り
P.51 コム・ガー・ドン・グエン(東源鶏飯)
Học Lạc
Đường Châu Văn Liêm
チャータム教会
チャンフンダオ通り
郵便局
Đường Trần Hưng Đạo
チョロン・バスターミナル
Lê Quang Sung
Hải Thượng Lãn Ông
Hải Thượng Lãn Ông
九龍公園
P.50 チー・トゥー
Tháp Mười
キムビエン市場
Chợ Kim Biên
đường Chu Văn An
Gò Công
Đường Võ Văn Kiệt
P.50
ビンタイ市場
Chợ Bình Tây
タウフー運河 Kinh Tàu Hủ

4 5

A
B
C
1
2
3
4
5
1:35,000
0
250
500m
N
P.183左下 タイ湖周辺
P.182-183 ハノイ中心部
バーディン区
Quận Ba Đình
ドンダー区
Quận Đống Đa
ホアンキエム区
Quận Hoàn Kiếm
タイホー区
Quận Tây Hồ
P.134 ハノイ商店
P.134 エム・ハノイ
ロッテホテル・ハノイ
在ベトナム日本国大使館 P.171
ヴィンコム・センター・メトロポリス
キンマー地区
P.133 インディゴ・ストア
ブルマン・ハノイ
P.137 ヒエン・チャー・チュオン・スアン
カットリン通り
Cát Linh
P.127 文廟
Văn Miếu
P.131 クアン・アン・ゴーン
ベトナム美術博物館
レーニン公園
ハノイ駅
Ga Hà Nội
ベトナム軍事歴史博物館
タンロン遺跡 P.127
Hoàng Thành Thăng Long
P.127 ホーチミン廟
Lăng Chủ Tịch Hồ Chí Minh
ホーチミン博物館
ホーチミンの家
ホーチミンの主席邸跡区
ハノイ植物園
バーディン広場
ハノイメトロ2A号線(建設中)
タイ湖
Hồ Tây
チュックバック湖
Hồ Trúc Bạch
チャンクオック寺
タインニエン通り
Thanh Niên
ホンハー(紅河)
Sông Hồng
ロンビエン駅
Ga Long Biên
ドンスアン市場
旧市街
ベトナム鉄道
VNR
P.136 マイ・キッチンウェア
ホアンキエム湖
Hồ Hoàn Kiếm
玉山祠
亀の塔
P.138 ル・スパ・ドゥ・メトロポール
ソフィテル・レジェンド・メトロポール
メリア・ハノイ
ヒルトン・ハノイ・オペラ
カペラ・ハノイ
ホアビン
ベトナム革命博物館
大劇場
P.130 フォー・ティン
P.140 ウー・ダム・チャイ
ニッコー・ハノイ
ティエンクアン湖
統一公園
バイマウ湖
Hồ Bẩy Mẫu
バーマウ湖
リンクアン湖
ヴァンチュオン湖
サーダン湖
ドンダー湖
タインコン湖
ゴックカイン湖
トゥーレ湖
ザンボー湖
ラン湖
トーリック川
Sông Tô Lịch
ブオイ通り
Đường Bưởi
ラン通り
Láng
Trần Duy Hưng
Pháo Đài Láng
Chùa Láng
グエンチータイン通り
Nguyễn Chí Thanh
フィントゥックカン通り
Huỳnh Thúc Kháng
Nguyễn Hồng
La Thành
Kim Mã
ダオタン通り
Đào Tấn
Phan Kế Bính
Đội Cấn
ヴァンカオ通り
Văn Cao
Thụy Khuê
ホアンホアタム通り
Hoàng Hoa Thám
Thành Công
Láng Hạ
Thái Thịnh
タイハー通り
Thái Hà
Hoàng Cầu
La Thành
Hào Nam
Giảng Võ
ザンヴォー通り
キンマー通り
トイカン通り
グエンルオンバン通り
Nguyễn Lương Bằng
トンドゥクタン通り
Phố Tôn Đức Thắng
サーダン通り
Xã Đàn
カムティエン通り
Khâm Thiên
ゴチョーカムティエン通り
Ngo Chợ Khâm Thiên
フンヴオン通り
Hùng Vương
Chu Văn An
Nguyễn Thái Học
Hoàng Diệu
Hoàng Văn Thụ
Nguyễn Tri Phương
ファンディンフン通り
Phan Đình Phùng
クアンタイン通り
Quán Thánh
イエンフー通り
Yên Phụ
Lý Nam Đế
レズアン通り
Lê Duẩn
ハイバーチュン通り
Hai Bà Trưng
チャンフンダオ通り
Trần Hưng Đạo
Lý Thường Kiệt
ハンボン通り
Hàng Bông
Tràng Thi
ハンコット通り
Hàng Cót
Hàng Bồ
Đồng Xuân
ドンスアン通り
Phố Gầm Cầu
バーチュウ通り
Bà Triệu
Trần Nhân Tông
フエ通り
Huế
Nguyễn Công Trứ
Hòa Mã
Phan Chu Trinh
レタイントン通り
Lê Thánh Tông
Lò Đúc
レズアン通り
Phố Lý Thái Tổ
Đường Trần Quang Khải
チャンクアンカイ通り
チュオンズオン橋

D
E
F
1
2
3
4
5
ハノイ中心部
0
100
200m
1:8,500
N
ホン川（紅河）
Sông Hồng
ロンビエン駅
Ga Long Biên
セレイン・カフェ&ラウンジ P.137
Hàng Khoai
ドンスアン市場 P.128
Chợ Đồng Xuân
フックタン通り
Phúc Tân
チャンニャットズアット通り
Trần Nhật Duật
東河門
Hàng Chiếu
ハンチェウ通り
ハンザイ通り
Hàng Giấy
チュオンズオン橋
Cầu Chương Dương
旧市街
白馬最霊祠
Hàng Buồm
ハンブオム通り
Đào Duy Từ
Ông
ハンカン通り
Hàng Cân
ナイト・マーケット P.146
ルオンゴッククエン通り
Lương Ngọc Quyến
P.143
ハノイ・ラ・シエスタ・ホテル&スパ
P.128
マーマイの家（旧家保存館）
ハンバック通り
Hàng Bạc
マム
Hàng Bè
Nguyễn Hữu Huân
ハンダオ通り
Hàng Đào
メイ・デ・ヴィラ
チャンクアンカイ通り
P.128
ホア・ベオ
コン・カフェ
マダム・ヒエン
カウ・ゴー通り
Cầu Gỗ
タン・ミー
Hàng Gai
タン・ミー・デザイン
Đinh Tiên Hoàng
タンロン水上人形劇場
レッスンス・デ・キュイジーヌ
P.139
ハンザウ通り
Hàng Dầu
P.141
コレット
ハノイ・エメラルド・ウォーターズ
Đường Trần Quang Khải
Đường Bạch Đằng
リータイトー通り
ハンヴォイ通り
Hàng Vôi
レタイトー通り
玉山祠
ゴールデン・ロータス
オリエント・スパ P.139
ホアンキエム区
Quận Hoàn Kiếm
ザ・オリエンタル・ジェード・ホテル P.142
ディンティエンホアン通り
ディエンルック
Lê Thái Tổ
ホアンキエム湖
Hồ Hoàn Kiếm
Hàng Trống
P.146
コン・カフェ
Phố Lý Thái Tổ
コレクティブ・メモリー P.133
ニャーチュン通り
Nhà Chung
ハノイ市庁舎
Đinh Tiên Hoàng
亀の塔
リータイトー・フラワーガーデン

A
B
C
1
2
3
4
5
ファンディンフン通り
Phan Đình Phùng
ヴァンスアン公園
Hàng Đậu
スーパーホテル・ハノイ・オールドクォーター
D-67地下室
バーディン区
Quận Ba Đình
Phùng Hưng
ハンザイ通り
Hàng Giấy
P.128
ニョン・ハイ・フォン
Hoàng Diệu
Nguyễn Tri Phương
Lý Nam Đế
ハンコット通り
Hàng Cót
P.127
タンロン遺跡
Hoàng Thành Thăng Long
VNR
Hàng Mã
P.128 バイン・ミー 25
ホアン・ジエウ通り
グエンチーフオン通り
リーナムデー通り
ベトナム鉄道
Phùng Hưng
P.141 ベト・ライス・エッセンス・レストラン
ハンヴァイ通り
Hàng Vải
ランオン
フンフン通り
P.146 フォー・ハン
ベトナム軍事歴史博物館
Hàng Gà
Thuốc Bắc
入口
クオック・ホア・ハノイ・ホテル
政府機関
ハンボー通
Bát Đàn
フォー・サオ・フー・ミー
フォー・ザー・チュエン P.130
ドゥオンタイン通り
コン・カフェ
バイン・クオン
P.131 ダック・キム
ラ・シエスタ・トレンディ
ハンマイン通り
ハンザ・ギャラリア
Cho Hong Da
Hàng Da
Đường Thành
ハンザ通り
Hàng Bông
ハンボン通り
P.126 ハノイ大教会
Quán Sứ
チャンティ通り
Tràng Thi
タイ湖周辺
0
0.5
1km
1:60,000
N
P.146 蓮池（写真スポット）
タイホー区
Quận Tây Hồ
Âu Cơ
Lạc Long Quân
Xuân Diệu
ロンビエン区
Quận Long Biên
タイ湖
Hồ Tây
Võ Chí Công
シェラトン・ハノイ
インターコンチネンタル・ハノイ・ウエストレイク
Nghi Tàm
ザ・ハノイ・クラブ・ホテル&レイク・パレ・レジデンス
P.181 ハノイ全図
パンパシフィック
Đường vành đai 2
Thụy Khuê
バーディン区
Quận Ba Đình
Hoàng Hoa Thám
Phan Đình Phùng
P.127
ホーチミン廟
Văn Cao
ホーチミンの家
バーディン広場

D E F

中部全体図
0 5 10km
1:1,100,000
ハノイ
ベトナム鉄道
フエ P.170
VNR
カウハイ湾
Gulf of Cau Hai
南シナ海
South China Sea
トゥアティエンフエ
Thừa Thiên Huế
バックマ国立公園
Bach Ma National Park
ベトナム
VIỆT NAM
ダナン
Đà Nẵng
ダナン湾
Da Nang Bay
ソンチャー半島
Son Tra Peninsula
P.185下 ミーケー・ビーチ周辺
P.185上 ダナン中心部
ミーケー・ビーチ
ラオス
LAOS
P.151 フュージョン・マイア・ダナン
Nature conservation area
Ba Na - Nui Chua
五行山
ナマン・リトリート P.153
チャム島
Cu Lao Cham
P.152 フォーシーズンズ・リゾート・ザ・ナムハイ
P.184下 ホイアン旧市街
P.155
ヴィクトリア・ホイアン・
ビーチ・リゾート & スパ
クアンナム省
Quảng Nam
P.154 アナンタラ・ホイアン・リゾート
ランタナ・リバーサイド・
ホイアン・ブティック・ホテル
&スパ P.155
P.171 ミーソン遺跡
My Son Sanctuary
ホーチミン

1 2 3

ホイアン旧市街
50 100m
1:7,500
ホワイト・ローズ P.165
Hai Bà Trưng
Nguyễn Trường Tộ
ホイアン博物館
Ngô Gia Tự
Trần Hưng Đạo
Trần Hưng Đạo
グエンフエ通り
Lê Lợi
Hai Bà Trưng
チケット売場
ロン・ヴィ P.169
P.164 バー・ブーイ
バイン・ミー・フーン P.163
Phan Chu Trinh
陳祠堂
Phan Chu Trinh
チケット売場
Nguyễn Huệ
チケット売場
チケット売場
フーンフンの家
来遠橋近くの路上カフェ P.163
P.167
92 ステーション・カフェ
クアンコン廟
Trần Phú
P.167
ホイアン・ロースタリー
P.163 福建會館
チャンフー通り
廣肇会館
モット・ホイアン P.167
貿易陶磁博物館
P.164 ハイ
チケット売場
Hoàng Diệu
P.163
リーチング・アウト
廣勝家（クアンタンの家）P.163
来遠橋（日本橋）
P.166
ココ・ボックス P.169
ホイアン市場
Chợ Hội An
Đường Phan Bội Châu
リトル・ファイフォ P.165
グエンタイホック通り Nguyễn Thái Học
タンキーの家
民俗博物館
Huyền Trân Công Chúa
バックダン通り
チケット売場
Bạch Đằng
チケット売場
カムナム橋
ナイトマーケット P.171
トゥボン川
アオ・ショー P.171
Sông Thu Bồn
アンホイ島

4 5

A B C

1 2 3

ダナン中心部
0 250 500m
1:27,000
N
Đường Nguyễn Tất Thành
Ông Ích Khiêm
Đống Đa
バンダー通り
クアン・チュン通り
Quang Trung
チャンフー通り
Đường Trần Phú
ダナン博物館
ノボテル・ダナン・プレミア・ハン・リバー
Bạch Đằng
Đường Trần Hưng Đạo
ブン・チャー・カー109 P.158
Lê Lợi
Nguyễn Chí Thanh
ヒルトン・ダナン
P.159 ミー・クアン1A
ダナン市美術博物館
ハン川橋
Cầu Sông Hàn
Phạm Văn Đ
ベトナム鉄道
VNR
ダナン駅
Ga Đà Nẵng
レズアン通り
Lê Duẩn
バックダン通り
ハン川
Sông Hàn
Ngô Quyền
チー・ラン・スタジアム
コン市場
Chợ Cồn
フンブオン通り
Hùng Vương
ハン市場 P.157
P.157 ファン・ホン・タイ通り
P.157 ダナン大聖堂
Giáo xứ Chính tòa Đà Nẵng
リータイトー通り
Lý Thái Tổ
ビッグC
ブリリアント・ホテル
Đường Trần Hưng Đạo
ヴィンアン寺
ハムギー通り
Hàm Nghi
ファンチャウチン通り
Phan Châu Trinh
コー・マイ
ホア・リー
グリーン・プラザ・ホテル
Nguyễn Tri Phương
ファップラム寺
P.158 チャン
Bạch Đằng
ロン橋 P.157
Cầu Rồng
Nguyễn Văn Linh
グエンホアン通り
Nguyễn Hoàng
グエンヴァンリン通り
P.171 チャム彫刻博物館
フェーヴァ P.168
ダナン国際空港
タムバオ寺

4 5

南シナ海
South China Sea
ミーケー・ビーチ周
0 250 500
1:24,000
N
ミーケー・ビーチ P.157
ホリデイ・ビーチクラブ
タイン・ヒエン 2 P.159
タイン・ヒエン
Võ Nguyên Giáp
DLGホテル
ムオンタン ラグジュアリー
ハイアン・ビーチ・ホテル&スパ
バルコナ ホテル ダナン
サラ・ダナン・ビーチ
Phan Tứ
P.161 クア・ゴー・カフェ
Võ Nguyên Giáp
TSマート
ウーム・バイン・ミー・カフェ
43 ファクトリー・コーヒー
Lê Quang Đạo
Võ Văn Kiệt
Nguyễn Văn Thoại
ログイン・コーヒー P.160
ライズマウント・リゾート・ダナン
レインボー・ポケ
フォー・ナム・ディン
TAブティック
ヘブン・カフェ・
バク・マイ・アン・マーケット
P.169 カッチャン
ヴィンパール・ランド
サングロー P.168
オニギリ・カフェ・ゴーン
ダナン大学
Ng. Quyền
P.168 タラン
Ng. Quyền
Trần Thị Lý
スポーツ
複合施設
ソン・チャー・ナイト・マーケット
Võ Văn Kiệt
ハン川
Sông Hàn
ダナン中心部

#カラフルなタイル　#ヒンドゥー寺院　#sri_thendayuthapani

#ベトナムの器　#バッチャン焼
#キト

#バイン・ミー持ってお散歩
#バゲットが美味　#banh_mi

#フォー　#ハノイ　#路上の食堂
#隙あらば食べる　#pho_bo

#ホットチョコレートとブラウニーと生クリーム　#ギルティなスイーツ

#ピーチティー　#黄桃が入ってる
#ティエン・カフェ・リン

#今回のMVPタイル
#ダナン大聖堂　#フランス的なもの

#ブーゲンビリアどっさり
#ホイアン旧市街　#6月

#オレンジ色が可愛いカフェ
#ドッシュ・ドーナツ

#レザーバッグ　#爆買い
#ディシノ

#ハノイ　#路上のお粥屋さん
#Chao Suon

#タンディン教会
#ピンクの教会

#カゴ入り猫
#洋服屋さんの看板猫

#ドンスアン市場
#花布　#レトロキッチュ

#テイクアウト　#袋にストロー
#ジャスミンレモンティー　#ハノイ

#南国フルーツ　#致死量くらい食べた
#ミトーのフルーツ農園

#ドンコイ通り　#ミントグリーン
#vietnamrestaurant　#写真スポット

#ハノイ旧市街
#中国文化が混ざっているのが素敵

24H Vietnam guide INDEX

（ホーチミン）

（ハノイ）

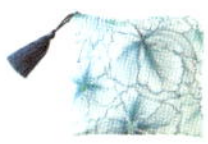

（ホイアン）

（ダナン）

若宮早希 Saki Wakamiya

フリーランスのブックエディター・ライター。編集プロダクションに所属後、2019年に独立。旅をライフワークとし、国内外のガイドブック編集や紀行文執筆を手がける。海外取材で訪れた国は現在までにヨーロッパからアジアまで20カ国以上。ベトナム人に間違われがち。

ベトナム ガイド24じかん

24H Viet nam guide ベトナム

2024年11月30日　改訂版第１刷発行
著　者　若宮早希
編　著　朝日新聞出版
発行者　片桐圭子
発行所　朝日新聞出版
〒104-8011　東京都中央区築地5－3－2
（お問い合わせ）infojitsuyo@asahi.com
印刷所　大日本印刷株式会社

Published in Japan by Asahi Shimbun Publications Inc.
ISBN　978-4-02-334774-8

撮影　北原俊寛、松井聡美、若宮早希
現地コーディネート　TNK&APT TRAVEL JAPAN
表紙・本文デザイン　iroiroinc.（佐藤ジョウタ、香川サラサ）
イラスト　KON
マップ　s-map
朝日新聞出版 生活文化・文編部（白方美樹）

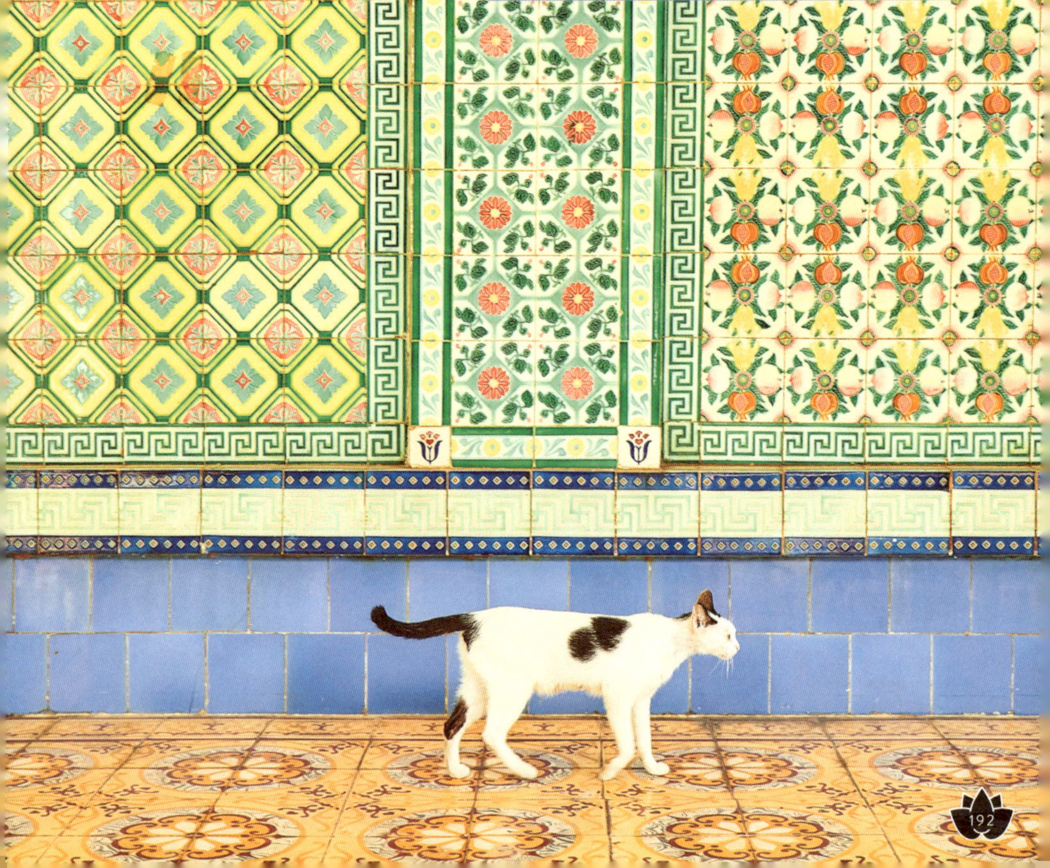

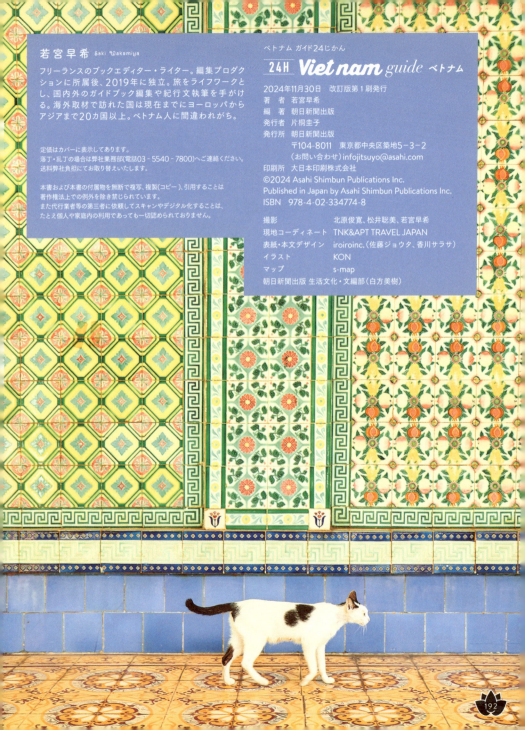